Philip Junkersdorf / Maximilian Stephan

Brandschutzerziehung und Erste Hilfe

für die Schule

AF766533

Neckar-Verlag

NECKAR-VERLAG • VILLINGEN-SCHWENNINGEN

ISBN: 978-3-7883-0903-9

1. Auflage – 2020

Autor: Philip Junkersdorf, Maximilian Stephan

Fachbeirat: Sebastian Koch (SRH Hochschule für Gesundheit Gera)

Fotos: 1take1shot / Felix Geringswald / Tilo Heidloß

Zeichnungen: Maskottchen: Dennis Mayer
Weitere Zeichnungen: Miriam Friedrich

Mitwirkende: Maximilian Alexander, Elisabeth Buckel, Anna Haarer, Martha Werrmann und Tobias Ziebert

© 2020 by Neckar-Verlag GmbH
Klosterring 1, 78050 Villingen-Schwenningen, www.neckar-verlag.de

Das Werk, einschließlich seiner Teile, ist urheberrechtlich geschützt. Alle Rechte, besonders das Übersetzungsrecht, vorbehalten. Nachdruck oder Vervielfältigung von Text und Bildern sowie die Verbreitung über elektronische Medien, auch auszugsweise, nur mit ausdrücklicher Genehmigung des Verlages.

Printed in Germany by RCOM Print GmbH, D-97222 Würzburg-Rimpar

Inhalt

Hallo liebe Brandschutz-Helfer und Erst-Helfer von morgen!

Mit dem Lehrbuch „Brandschutzerziehung und Erste Hilfe für die Schule“ habt ihr euch für eine verantwortungsvolle Tätigkeit entschieden:

Menschen oder Tiere in Gefahrensituationen zu helfen!

Jederzeit kann es dazu kommen, dass Menschen oder auch Tiere durch Unfälle, Erkrankungen oder durch Feuer in Gefahr geraten. Selbst in diesem Moment, beim Lesen dieser Zeilen, kann es sein, dass jemand eure Hilfe benötigt.

Alle diese Menschen erwarten nur eines: dass ihnen in einer Gefahrensituation schnell und sicher geholfen werden kann.

Mein Name ist **Bruno Brandschutz** und ich möchte euch dabei unterstützen, zum Brandschutz-Helfer und Erst-Helfer von morgen zu werden!

Voraussetzung dafür ist eine gute Ausbildung und natürlich regelmäßiges Training mit euren Freunden, Lehrern und Eltern!

„Das große Buch der Brandschutzerziehung und Ersten Hilfe“ nimmt euch mit in eine Welt der Brandschutz-Helfer und Erst-Helfer von morgen.

Im ersten Abschnitt, der „Brandschutzerziehung“, möchte ich euch zunächst in die Grundlagen der Brandschutzerziehung einführen. Ihr werdet lernen, wie ein Feuer entsteht und natürlich wie man es verhindern und löschen kann.

Gleichzeitig werdet ihr erfahren, wie ihr euch in einem Notfall verhalten müsst und ihr andere Menschen in Sicherheit bringen könnt. Hierbei werdet ihr von den Helfern der Feuerwehr, der Polizei und des Rettungsdienstes begleitet und unterstützt.

Die Helfer der Feuerwehr, der Polizei und des Rettungsdienstes werden euch immer unterstützen, wenn ihr sie mittels Notrufes informiert habt!

Der zweite Abschnitt nimmt euch mit in die Welt der „Ersten Hilfe“. Hierbei werde ich euch die „Rettungskette“ erläutern. Sie ist bei der strukturierten und sicheren Versorgung von einer verletzten oder erkrankten Person sehr hilfreich.

Natürlich zeige ich euch, wie ihr kleinere Verletzungen versorgen könnt. Ihr werdet die lebenswichtigen Funktionen des Körpers, die sogenannten „Vitalfunktionen", kennenlernen und gleichzeitig erfahren, wie diese in einem Notfall kontrolliert werden müssen.

Medizinisches Grundlagenwissen darf hierbei nicht fehlen. Aber keine Sorge, ihr müsst nicht gleich Arzt werden, um Erste Hilfe leisten zu können!

In allen Fragen stehe ich euch jederzeit zur Verfügung. Ich werde euch zahlreiche Bilder mit auf den Weg geben, so dass das Lesen euch nicht schwerfallen wird.

Kleine Testfragen am Ende jedes Kapitels helfen euch, das gelernte Wissen zu überprüfen.

Aber keine Angst, bei Bruno Brandschutz gibt es keine Noten! Die Antworten auf die Fragen findet ihr immer im jeweiligen Kapitel.

Mir ist es auch viel wichtiger, dass ihr als Brandschutz-Helfer und Erst-Helfer von morgen gleich heute loslegt!

Viel Spaß, ihr jungen Lebensretter –

Euer Bruno Brandschutz

1. Grundlagen der Brandschutzerziehung

1.1 Was ist eigentlich Brandschutzerziehung?

„Brandschutzerziehung"? Was für ein komplizierter Begriff, aber was bedeutet er eigentlich für mich und meine Mitmenschen? Erziehung, das hat doch immer auch mit Rechten und Pflichten zu tun, oder?

Ja, aber Erziehung hat vor allem viel mehr etwas mit Verhalten zu tun. Mit **richtigem** Verhalten! Und bei der Brandschutzerziehung geht es nicht nur um richtiges Verhalten bei Bränden, sondern auch um das richtige Handeln bei anderen Not-

fällen! Denn gerade da, wie zum Beispiel bei einem Brandausbruch, ist richtiges Verhalten überlebenswichtig!

Richtiges Verhalten kann Leben retten! Euer eigenes oder sogar das von jemand anderem. Falsches Verhalten kann bedrohlich werden und uns oder unsere Mitmenschen in Gefahr bringen.

Indem ihr euch bereits in der Schulzeit mit der Brandschutzerziehung beschäftigt, legt ihr den besten Grundstein, einmal selbst echte Lebensretter zu werden.

Worum geht es also in der Brandschutzerziehung?

Brandschutzerziehung soll Wissen vermitteln, um im Brandfall oder bei anderen Notfällen richtig zu handeln oder deren Entstehung überhaupt zu verhindern.

Aber was genau macht einen Notfall eigentlich zu einem Notfall?

Bei jedem Notfall gibt es irgendeine Gefahr. Diese Gefahr bedroht andere Menschen, Tiere, Gegenstände wie Häuser und Autos oder sogar euch selbst, wenn sie nicht rechtzeitig bekämpft und vor ihr gewarnt wird. Es ist wichtig, diese Gefahr zu erkennen, um sie zu verhindern. Bei der Brandschutzerziehung geht es vor allem um die Gefahren, die durch ein Feuer entstehen. Darum widmen wir uns auch auf diesen Seiten zuerst all dem, was mit Feuer, Hitze, Glut, Funken und Rauch zu tun hat.

Ein Feuer kann überall entstehen. Egal ob Tag oder Nacht, ob zuhause oder in der Schule. Ein Feuer kann sowohl im Sommer als auch im Winter ausbrechen und sich manchmal selbst gegen starken Wind und Regen behaupten. Darum gilt es, stets die Augen offen zu halten und wachsam zu bleiben, wenn ihr irgendwo offenes Licht und Feuer seht.

Das klingt ja so, als könnte man keinem Feuer über den Weg trauen.

Aber keine vorschnelle Angst! Eine Kerze allein macht noch keinen Wohnungsbrand! Im Umgang mit Feuer und offenem Licht gilt es jedoch stets wachsam zu sein, damit das Feuer auch wirklich nur auf das kleine hüpfende Kerzenlicht begrenzt bleibt und sich nicht ausbreiten kann. Und da es immer am besten ist, wenn es gar nicht erst zu einem Notfall kommt, beschäftigt sich die Brandschutzerziehung vor allem mit folgenden Fragen:

- *Was ist beim Umgang mit offenem Licht und Feuer zu beachten?*
- *Wie entsteht Feuer und welche Gefahren bringt es mit sich?*
- *Welche Warneinrichtungen gibt es und wie muss man sich bei Feueralarm verhalten?*
- *Was kann man selbst dazu beitragen, um Gefahren zu vermeiden und vorzubeugen?*

Ihr werdet also lernen, wie man einem Brandausbruch vorbeugt, sodass erst gar keine Gefahr entsteht.

Manchmal passiert es aber dann doch! Ein Brand ist ausgebrochen – Notfall! Um sich im Brandfall richtig zu verhalten, greifen die nächsten Kapitel auch folgende Fragen auf:

- *Was tun, wenn man beim Weg von der Schule nach Hause aus einem Gebäude dicke Rauchschwaden aufsteigen sieht?*
- *Wie verhält man sich richtig, wenn in der Schule plötzlich der Feueralarm schrillt?*
- *Wie soll man reagieren, wenn dichter Rauch einem den Fluchtweg abschneidet oder sogar das Feuer den Weg versperrt?*
- *Wie kann man das Feuer löschen?*
- *Wie hole ich Hilfe?*

Nun wisst ihr, was euch in der ersten Hälfte dieses Buches erwartet. Ich wünsche euch viel Spaß beim Lernen, Entdecken und Staunen!

Euer Bruno
Brandschutz

Alles verstanden?

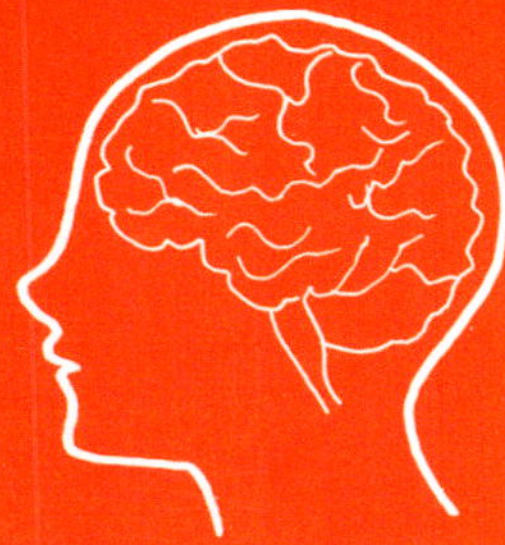

Stelle dein Wissen auf den Prüfstand!

Folgende Fragen kannst du nach Kapitel 1.1 beantworten!

1. In der Brandschutzerziehung geht es um:

a) Richtiges Verhalten im Brandfall und den richtigen Umgang mit Feuer

b) Grundlagen des Häuserbauens, sodass diese sicher vor Feuer sind

c) Das Legen von Feuer, um zum Beispiel ein Lagerfeuer zu entzünden

2. Welche der folgenden Situationen ist ein Notfall?

a) Es regnet und auf einer Straße hat sich eine kleine Pfütze gebildet

b) Bei etwas Wind ist ein Zweig auf den Fußweg gefallen

c) Aus dem Fenster eines kleinen Hauses steigt schwarzer Qualm auf

1.2 Das „gute“ und das „böse“ Feuer

Auch wenn es in diesem Buch vor allem um die „böse“ Seite des Feuers geht, so hat Feuer auch eine „gute“ Seite.

Stellt euch einmal vor, ihr würdet in der Steinzeit leben und keiner von euch wüsste, wie man Feuer macht. Ihr kommt gerade von einer langen Jagd nach Hause und seid durchgefroren sowie nass und hungrig. Was für ein Pech! Kein Lagerfeuer, das euch wärmt. Kein Feuerschein, der euch den Weg nach Hause zeigt. Keine tanzenden Flammen, welche eure Höhle in ein gemütliches warmes Licht tauchen. Zu allem Überfluss könnt ihr dann noch nicht mal euer hart erkämpftes Mammutfleisch auf dem „guten Feuer“ grillen. Vor eurer Höhle lauern außerdem einige Gefahren, wie zum Beispiel hungrige Säbelzahntiger. Ohne ein schützendes Feuer, welches die Tiere in Angst und Schrecken versetzt, seid ihr diesen schutzlos ausgeliefert.

Ihr könnt euch also vorstellen, was für ein Segen es für unsere Vorfahren gewesen sein muss, als sie vor ungefähr 1,8 Millionen Jahren das Feuer entdeckten und für sich nutzbar machten! Feuer hat also durchaus seine gute Seite.

Die kontrollierte Nutzung war und ist überlebenswichtig.

Mit Hilfe des „guten“ Feuers kann man sich wärmen, seine Kleider trocknen oder Licht machen. Über dem Feuer ist es möglich, Essen zuzubereiten, denn manche Lebensmittel sind erst gebraten genießbar. Früher hatte Feuer zusätzlich noch eine andere wichtige Bedeutung. Viele gefährliche Tiere, wie zum Beispiel Raubkatzen, Skorpione, Spinnen und krabblige Insekten, haben Angst vor Feuer. Sie meiden seine Nähe und suchen lieber das Weite.

Somit konnten unsere Vorfahren ruhiger und sicherer schlafen.

Nun kennt ihr das „gute“ Feuer – das freundliche Gesicht der lodernden Flammen. Durch Unachtsamkeit, Leichtsinn, Unwissen und falsches Verhalten kann aus dem freundlichen Gesicht aber schnell ein loderndes, gefährliches Feuer werden. Das „böse“ Feuer schädigt Häuser und Gegenstände und bringt Menschen sowie Tiere in Gefahr.

Wenn man von Feuer spricht, ist meist das freundliche Gesicht gemeint, also das Nutzfeuer. Spricht man von einem „Brand“, zeigt das Feuer seine böse Seite.

Alles verstanden?

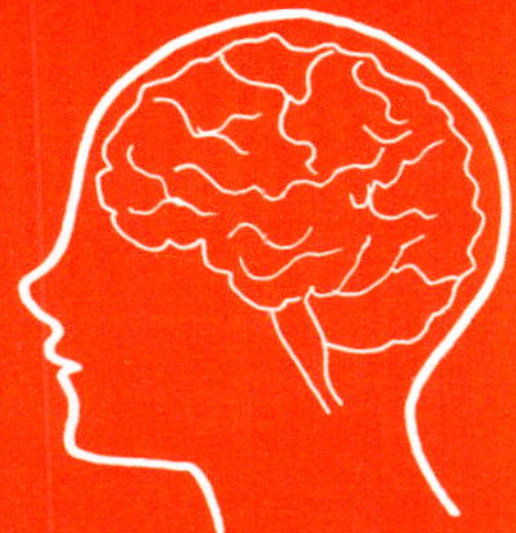

Stelle dein Wissen auf den Prüfstand!

Folgende Fragen kannst du nach Kapitel 1.2 beantworten!

1. Vervollständige folgenden Lückentext:

Feuer ist nicht nur gut oder schlecht –
es hat zwei ______________.

Das „______________“ Feuer nutzen die Menschen bereits seit langer Zeit. Zum Beispiel, um Essen zu kochen.

Beim „______________“ Feuer spricht man oftmals auch von einem Brand. Hier ist das Feuer außer Kontrolle und schädigt zum Beispiel Gebäude, aber auch Menschen.

2. Wofür können wir das Feuer nutzen? Schreib auf, was dir einfällt.

____

____

____

____

____

____

____

1.3 Gefahren im Notfall

Ein Notfall entsteht durch Gefahren, die Menschen, Tiere oder Gegenstände bedrohen. Aber diese sind nicht nur für die Betroffenen, sondern auch für euch als Helfer gefährlich! Darum ist es wichtig, Gefahren zu erkennen und sich und andere vor diesen zu schützen! Der beste Schutz ist kinderleicht: Abstand halten. Bringt euch nicht in Gefahr und haltet Abstand zu bedrohlichen und gefährlichen Dingen. Aber welche Gefahren gibt es eigentlich?

Das möchte ich euch gerne anhand der **„AAAABCEEEE"-Merkhilfe** erklären.
Jeder Buchstabe steht dabei für eine Gefahr!

Atemgifte: Diese Gefahr tritt zum Beispiel bei Feuer in Form von giftigem Brandrauch auf.

Angstreaktion: Angst haben bei Notfällen meistens vor allem die betroffenen Personen. Sie kann zu panischen und gefährlichen Reaktionen führen.

Ausbreitung: Die Ausbreitung einer Gefahr besteht zum Beispiel bei Bränden. Unter Einfluss von Wind und verschiedenen brennbaren Stoffe kann sich ein Feuer rasch ausbreiten.

Atomar: Atomare oder auch radioaktive Gefahren schädigen den menschlichen Körper auf vielfältige Weise. Sie entstehen durch atomare Strahlung, Dämpfe oder Gase.

Biologische/Chemische Stoffe: Es gibt zahlreiche chemische und biologische Stoffe, die die Haut schädigen können oder unserem Körper auf andere Art und Weise Schaden zuführen. Vielleicht kennt ihr ja einige gefährliche Säuren. Einige gibt es möglicherweise auch in eurem Chemieklassenzimmer.

Erkrankung: Auch hier ist wieder vor allem die Gefahr für den Betroffenen selbst gemeint. Das sind z. B. lebensbedrohliche Verletzungen von Patienten.

Explosion: Explosionen sind schnell ablaufende, heftige chemische Reaktionen, meist Verbrennungen. Sie entwickeln viel Hitze und erzeugen eine gefährliche Druckwelle, die Menschen verletzen kann.

Elektrizität: Elektrischer Strom ist heutzutage überall zu finden. Ob in Fahrzeugen, Maschinen oder den eigenen vier Wänden. Auch vor Strom und Stromschlägen schützt man sich am wirkungsvollsten, indem man Abstand hält!

Einsturz: Mit Einsturz ist zum Beispiel das Herabfallen von Gegenständen gemeint, welche Menschen und Tiere treffen und verletzen könnten. So können bei einem Brand oder auch starken Sturm Teile eines Daches nach unten stürzen und Menschen verletzen.

Außerdem gibt es noch weitere Gefahren, auf welche ihr achten solltet. Diese weiteren Gefahren sind zum Beispiel der Straßenverkehr oder auch das Wetter.

**Bei allen Gefahren gilt:
Abstand halten und sich und andere nicht in Gefahr bringen!**

Alles verstanden?

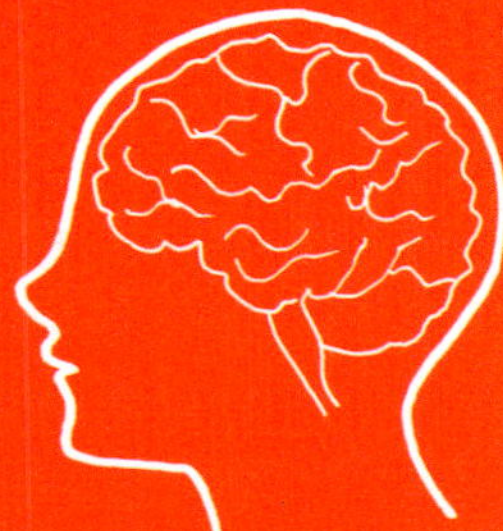

Stelle dein Wissen auf den Prüfstand!

Folgende Fragen kannst du nach Kapitel 1.3 beantworten!

1. **Welche Gefahr passt zu welcher Beschreibung? Verbinde die richtige Gefahr mit der jeweiligen Beschreibung.**

Angstreaktion	Das ist eine schnelle Verbrennung!
Atemgifte	Hier sind zum Beispiel herabfallende Gegenstände gemeint.
Explosion	Dieser Begriff meint, dass Menschen in Panik geraten und sich selbst oder andere verletzen können.
Einsturz	Hier ist zum Beispiel der dunkle Rauch gemeint, der bei einer Verbrennung entsteht.

1.4 Verhalten im Notfall

In den vorherigen Kapiteln habt ihr gelernt, was ein Notfall eigentlich ist und welche Gefahren euch erwarten können. Was aber tun, wenn ein Notfall eingetreten ist? Was tun, wenn jemand um Hilfe ruft? Auf den nächsten Seiten lernt ihr die Grundregeln des Verhaltens im Notfall. Diese sind immer gleich, egal welche Art von Notfall eingetreten ist.

Stellt euch Folgendes vor:

Eines Nachmittags verlasst ihr als letzter Schüler die Turnhalle eurer Schule, in welcher ihr gerade noch gemeinsam mit anderen Kindern im Schulsportverein Fußball gespielt habt. Auf dem Weg Richtung Hoftor lauft ihr an einem alten Anbau eurer Schule vorbei, in welchem sich nur ein Schuppen befindet. Als ihr das rostige Hoftor schon fast erreicht habt, bemerkt ihr plötzlich schwarze Rauchschwaden, die aus einem angekippten Fenster im Schuppen aufsteigen.

Schwarzer Rauch steigt aus einem Fenster. Es brennt!

Brennt es da etwa? Jetzt bemerkt ihr auch einen unangenehmen Geruch, der in der Luft liegt und stark nach Verbranntem riecht. Kein Zweifel, es brennt! Was sollt ihr jetzt nur tun?

Anhand dieses Beispiels möchte ich euch erklären, welche Grundregeln ihr im Notfall beachten müsst. Ich nenne diese Grundregeln auch **„Die 4 goldenen Regeln im Notfall“.**

1.4.1 Die 4 goldenen Regeln im Notfall

Regel Nummer 1: Ruhe bewahren

Die erste Regel im Notfall ist auch zugleich die wichtigste: **Ruhe bewahren!** Natürlich seid ihr aufgeregt, wenn ihr ein Feuer entdeckt oder laute Hilferufe hört. Panik und übereilige Handlungen sind im Notfall fehl am Platz. Menschen, die in Panik geraten, können in einer Angstreaktion unbedacht handeln, sodass sie sich selbst oder andere in Gefahr bringen können. Somit gilt es auch im Notfall, **Ruhe zu bewahren**, um die richtigen Entscheidungen zu treffen und auch im Ernstfall helfen zu können. Leichter gesagt als getan! Indem ihr euch das Verhalten im Notfall immer wieder ins Gedächtnis ruft und zusammen mit eurer Klasse wichtige Abläufe übt, könnt ihr auch im echten Notfall ruhig und richtig reagieren.

Auch im Bezug auf unser Beispiel, den Brand im Schuppen eurer Schule, gilt es Ruhe zu bewahren!

Regel Nummer 2: Gefahren meiden, absichern!

Ein Notfall entsteht durch Gefahren, die Menschen, Tiere oder Gegenstände bedrohen. Auch das Feuer im Schuppen eurer Schule stellt eine erhebliche Gefahr dar! Nicht nur die Schule könnte anfangen zu brennen. Der bei der Verbrennung entstehende Rauch ist sehr giftig und darf keinesfalls eingeatmet werden! Wo Rauch ist, da ist auch Feuer. Die heißen Flammen stellen eine Gefahr dar und könnten euch und anderen Menschen Verbrennungen zufügen.

Im Notfall ist kein Platz für Heldentaten!

Auch wenn Superman das Feuer vielleicht mit einer Hand löschen könnte, so funktioniert dies in der Realität nicht! Gefahren zu bekämpfen, überlasst ihr in der Regel besser Erwachsenen und vor allem gut ausgerüsteten Helfern von Feuerwehr, Rettungsdienst und so weiter. Sie haben die Möglichkeiten, sich vor Feuer und Rauch zu schützen und diese zu beseitigen. Im Notfall gilt also: Gefahren meiden! Bringt euch und andere Menschen nicht in Gefahr und achtet auf eure Sicherheit. Wenn ihr euch in Gefahr bringt, ist niemandem geholfen! Wer soll denn das Feuer melden, wenn ihr verletzt seid? Warnt auch andere Menschen vor der Gefahr und sorgt dafür, dass sich niemand in gefährliche Bereiche begibt.

Regel Nummer 3: Hilfe holen!

Jetzt wo ihr dafür gesorgt habt, dass ihr in Sicherheit seid, ruft laut nach Hilfe! „Hilfe, Feuer!“, auf diese Worte reagieren die meisten Menschen sofort und eilen herbei. Sucht nach einem Erwachsenen.

Erwachsene Männer und Frauen können euch helfen und haben vielleicht schon etwas Erfahrung mit Notfällen aller Art sammeln können. Dies muss nicht immer eure Lehrerin oder euer Lehrer sein.

Als ihr in sicherer Entfernung vom brennenden Schulschuppen nach Hilfe ruft, hört dies ein Mitschüler und eilt herbei.

Natürlich ist es spitze, wenn euch andere Menschen zur Hilfe eilen. Allerdings gibt es im Moment gerade nur eine Gruppe von Menschen, die hier wirklich helfen kann – nämlich die Feuerwehr. Damit diese auch kommt, müsst ihr einen Notruf absetzen. Wie ihr dies macht, erfahrt ihr im Kapitel „Der Notruf“, nur wenige Seiten weiter.

Regel Nummer 4:
In Sicherheit bringen, anderen helfen!

Bleibt in Sicherheit und wartet, bis die Rettungskräfte an der Einsatzstelle eintreffen.

Vielleicht habt ihr Schüler oder Schülerinnen an eurer Schule, welche nicht gut laufen können, vielleicht sogar im Rollstuhl sitzen. Diese brauchen im Notfall zusätzliche Hilfe, um sich in Sicherheit zu bringen. Helft euren Mitschülern und anderen Menschen, wie zum Beispiel auch alten Leuten, um sie in Sicherheit zu bringen!

Aber!

Bringt euch niemals in Gefahr, um anderen Menschen zu helfen!

Wenn ihr euch verletzt, Rauch einatmet oder euch sogar Verbrennungen zuzieht, ist niemandem geholfen! Im Gegenteil, dann gibt es sogar noch einen Verletzten mehr! Rennt also niemals in dicken Qualm oder andere Gefahren! Auch nicht, wenn ein anderer Mensch sich im Rauch befindet! Dies müsst ihr der dafür ausgerüsteten Feuerwehr überlassen. Das kann man nicht oft genug betonen! Eure Sicherheit ist immer am wichtigsten!

Alles verstanden?

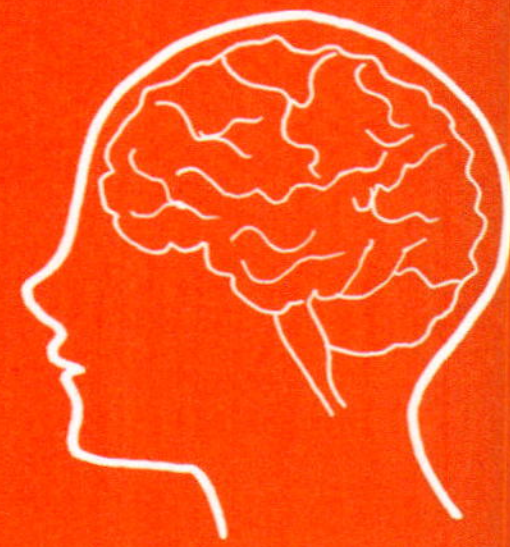

Stelle dein Wissen auf den Prüfstand!

Folgende Fragen kannst du nach Kapitel 1.4 beantworten!

1. Vervollständige folgenden Lückentext:

Im Notfall muss ich immer auf meine ______________ achten. Ich darf mich nicht in _________________ begeben, auch nicht wenn andere Menschen in Gefahr sind.

Außerdem ist es wichtig, schnell nach ___________ zu rufen! Ich halte nach Erwachsenen Ausschau und wähle den __________, um z. B. die Feuerwehr zu rufen. Ich bleibe in Sicherheit, während ich auf die Feuerwehr warte.

2. So ein Durcheinander! Hier passen jeweils zwei Worte zusammen. Verbinde die richtigen Wortpaare!

Gefahren	bewahren
Hilfe	bringen
Ruhe	rufen
In Sicherheit	meiden

1.5 Der Notruf

Nun kennt ihr die „4 goldenen Regeln im Notfall“, welche euch helfen, sich im Ernstfall richtig zu verhalten.

Habt ihr einen Notfall bemerkt, ist es natürlich wichtig, schnell Hilfe zu holen. Wie ihr bereits gelernt habt, ruft ihr am besten immer nach einem Erwachsenen, der euch zur Hilfe eilt. Erwachsene tragen außerdem meistens ein Mobiltelefon bei sich.

Aber wofür brauchen wir denn im Notfall ein Mobiltelefon? Klar, um Hilfe zu rufen! Wenn ihr selbst ein Mobiltelefon besitzt, könnt ihr natürlich auch dieses benutzen!

Aber genug der vielen Worte! Erinnern wir uns gemeinsam an den Brand im Schuppen eurer Schule zurück. Auf eure Hilferufe eilte ein Mitschüler herbei, welcher euch auch sein Mobiltelefon gibt, damit ihr den Notruf wählen könnt. Drei Zahlen, eine Telefonnummer. Mehr müsst ihr euch nicht merken, um schnell die Retter zu alarmieren.

112

112 – Unter dieser Nummer bekommt ihr Hilfe und könnt sowohl die Feuerwehr als auch den Rettungsdienst rufen. Diese Nummer ist in ganz Europa gleich. Am Telefon meldet sich ein Disponent der nächsten Leitstelle. Von dort aus werden alle Einsätze von Feuerwehr und Rettungsdienst koordiniert. Ein Leitstellendisponent ist ein Mitarbeiter der Leitstelle, welcher dafür zuständig ist, die Einsatzkräfte zu den Notfällen zu alarmieren.

Jeder ist in einem Notfall aufgeregt, schließlich ist dies ja auch keine alltägliche Situation. Was soll man dem Leistellendisponenten jetzt sagen? Haltet euch einfach an die **5 W des Notrufes:**

Wer? Mit wem spricht der Disponent eigentlich? Nennt dem Disponenten euren Namen.

Wo? Von wo ruft ihr gerade an? Wo befindet sich die Einsatzstelle? Sagt dem Disponenten, in welcher Stadt/Dorf/Gebiet ihr euch befindet. Je genauer, desto besser! Auf welcher Straße befindet ihr euch? An welche Ecke und vor welcher Hausnummer? Je konkreter ihr die Lage des Notfallortes beschreiben könnt, desto schneller kommt Hilfe! In unserem Beispiel nennt ihr dem Disponenten also den Namen und die Adresse eurer Schule.

Falls ihr nicht genau wisst, in welcher Straße ihr euch befindet, hier ein kleiner Tipp: Haltet einfach Ausschau nach Straßenschildern. Auf diesen steht der Name der Straße.

Was? Was ist überhaupt passiert? Also brennt es, ist jemand verletzt oder gab es einen Unfall? Je mehr ihr zum Notfall sagen könnt, umso besser. Was ist das für ein Haus, in dem es brennt? Ist es groß oder klein oder handelt es sich, wie in unserem Fall, um einen Schuppenbrand?

Wie viele? Wie viele Verletzte könnt ihr von eurem Standpunkt sehen oder vermuten? Hört ihr Hilferufe? Wenn ihr einen Unfall beobachtet habt, versucht möglichst genau zu beschreiben, wie viele Personen Hilfe brauchen. Vielleicht könnt ihr ja auch etwas zu den Verletzungen der Hilfsbedürftigen sagen?

Warten! Nicht nur bis die Feuerwehr kommt, sondern vor allem, ob der Disponent noch Fragen hat. **Nicht gleich auflegen!** Eventuell hat der- oder diejenige, die euch am Telefon hilft, noch Fragen oder etwas nicht ganz verstanden.

Jetzt heißt es abwarten, bis die Feuerwehr in eurer Schule eintrifft. Achtet während ihr wartet darauf, dass ihr euch nicht in Gefahr begebt, und warnt auch andere Kinder und Erwachsene vor dem Feuer. Die Feuerwehr freut sich übrigens, wenn ihr euch an den Straßenrand stellt und winkt. So zeigt ihr den Feuerwehrleuten den Weg, sodass diese noch schneller zum Feuer finden. Aber stellt euch bitte nur auf den Gehweg und nicht auf die Straße.

Mit diesem wichtigen Schritt, dem Absetzen des Notrufes, leistet ihr bereits unglaublich wichtige Hilfe. Denn wenn ihr keine Hilfe holt, dann würde der Schuppen niederbrennen und das Feuer vielleicht noch andere Menschen oder Gegenstände gefährden. Somit werdet ihr zum echten Lebensretter!

Übrigens, unter der Nummer **110** könnt ihr die Polizei rufen, falls ihr diese mal benötigt. Sollte euch diese Nummer einmal nicht einfallen, ist das überhaupt kein Problem! Auch über die 112 könnt ihr jederzeit die Polizei verständigen, die Disponenten in der Leitstelle helfen euch hierbei immer weiter!

Alles verstanden?

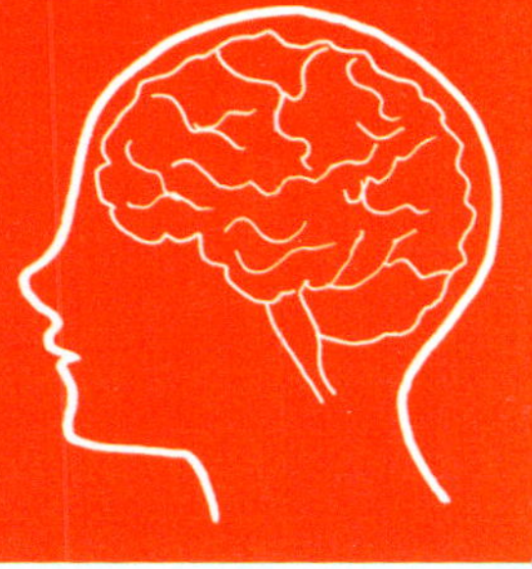

Stelle dein Wissen auf den Prüfstand!

Folgende Fragen kannst du nach
Kapitel 1.5 beantworten!

1. Kennst du noch die die 5 W des Notrufes? Vervollständige die Anfangsbuchstaben!

W________________

W________________

W________________

W________________

W________________

Wählst du die

112

kommt Hilfe

schnell herbei!

1.6 Wer kommt helfen?

Nun wisst ihr, wie ihr euch im Notfall grundlegend verhalten müsst und wie ihr Hilfe holen könnt. Aber wer sind diese „Retter in der Not“? Wer kommt eigentlich, wenn ihr den Notruf wählt?

In Deutschland gibt es mehrere „Vereine“ und Organisationen, die bei Notfällen zum Einsatz kommen können. Deren grundlegende Einteilung sowie einige Vertreter dieser „Retter in der Not“ möchte ich euch auf den folgenden Seiten nun vorstellen.

1.6.1 Die Feuerwehr

Wenn ihr an die Notrufnummer „112“ denkt, seht ihr vor euren Augen vermutlich zuerst die roten Autos mit den blauen Blinklichtern vorbeiflitzen. Klar, die Feuerwehr ist wohl der bekannteste Vertreter der Lebensretter, die euch im Notfall zur Hilfe eilen.

Wie viele Dinge hat sich auch die Feuerwehr in den letzten Jahren verändert und schnell weiterentwickelt. Ihre Aufgaben sind jedoch seit langer Zeit dieselben:

Retten – Löschen – Bergen – Schützen!

Die Feuerwehr kommt nicht nur, wenn es brennt. Den Großteil der Feuerwehreinsätze heutzutage stellt nicht das Löschen eines Brandes dar, sondern die Tätigkeiten der technischen Hilfeleistung. Was ist das denn? Dazu zählt zum Beispiel das Befreien einer verletzten Person aus einem verunfallten Auto, das Beseitigen von dicken Bäumen, wenn diese nach einem Sturm auf die Straße gestürzt sind oder auch das Entfernen einer rutschigen Ölspur auf der Straße.

Geborgen werden vor allem Gegenstände oder verstorbene Personen. Zur wichtigen Aufgabe „Retten" zählt zum Beispiel das Befreien von Personen aus einem brennenden Gebäude oder auch die Rettung einer Katze von einem Baum.

Hinter der Aufgabe „Schützen" verbergen sich vor allem Tätigkeiten des vorbeugenden Brandschutzes. Unter vorbeugenden Brandschutz versteht man all die Maßnahmen, welche die Entstehung eines Brandes verhindern oder eindämmen sollen. Hierunter zählen unter anderem verschiedene bauliche Maßnahmen in Gebäuden, wie zum Beispiel Rauchschutztüren oder auch die Fluchtwege, welche ihr später noch kennenlernen werdet.

Feuerwehr ist jedoch nicht gleich Feuerwehr. Auch wenn die Einsatzkräfte der Feuerwehr alle den gleichen Aufgaben nachgehen, so unterscheidet man doch einige Arten von Feuerwehren.

Die bekanntesten sind wohl die Berufsfeuerwehr und die freiwillige Feuerwehr. Die Retter der Berufsfeuerwehr üben ihre Tätigkeit berufsmäßig aus. Sie bekommen für ihren Dienst eine bestimmte Menge Geld und verdienen sozusagen ihre Brötchen mit der Arbeit in der Berufsfeuerwehr. Die Einsatzkräfte einer freiwilligen Feuerwehr führen ihre Tätigkeit ehrenamtlich aus. Das heißt, sie verlangen für die Tätigkeit in der Feuerwehr kein Geld und retten, löschen, bergen und schützen auch neben ihrem Beruf, also in der Freizeit.

Die Ausrüstung der Feuerwehr

Sicherlich habt ihr schon einmal einen Feuerwehrmann gesehen. Bestimmt ist euch auch aufgefallen, dass dieser immer ziemlich viele Dinge bei sich trägt. Auch erkennt man einen Feuerwehrmann natürlich an seiner dicken Schutzausrüstung. Aber was sind eigentlich all diese Dinge und wofür braucht man sie?

Das möchte euch nun ein waschechter Feuerwehrmann, der Tobias, erklären.

Tobias trägt bereits seine Feuerwehrhose, welche ihn vor dem Feuer schützt. Diese besteht aus einem speziellen und besonders dicken Stoff.

Die Feuerwehrschutzstiefel besitzen im Bereich der Zehen eine Stahlkappe und unter dem Fuß eine Stahlsohle. Gegenstände, die auf Tobias Fuß fallen, werden von der Stahlkappe abgefangen und schützen Tobias Zehen vor Verletzungen.

Auch die Feuerwehrjacke schützt Tobias vor Feuer und anderen gefährlichen Stoffen. Sie besteht aus dem gleichen Material wie auch die Feuerwehrhose.

Tobias schützt seinen Kopf vor Feuer und herabfallenden Gegenständen mit einem Feuerwehrhelm. Der Nackenschutz schützt ihn zusätzlich vor Flammen.

Auch seine Hände muss Tobias vor Dreck, Feuer und scharfen Dingen schützen. Darum trägt er dicke Feuerwehrschutzhandschuhe.

Über das Atemschutzgerät (Pressluftatmer) bekommt Tobias Luft aus einer Flasche, welche er auf dem Rücken trägt. Die saubere Luft atmet er durch eine Maske ein. So kann er auch in dickem Brandrauch weiteratmen, ohne zu ersticken.

Mit der Feuerwehraxt kann Tobias verschlossene Türen gewaltsam öffnen.

Der Feuerwehrschlauch leitet das Wasser von der Fahrzeugpumpe im Feuerwehrauto bis zum Strahlrohr, mit welchem der Feuerwehrmann dann löscht.

1.6.2 Der Rettungsdienst

Der Rettungsdienst wird immer dann benötigt, wenn die Gesundheit von Menschen in Gefahr ist. Also zum Beispiel dann, wenn jemand beim Fahrradfahren gestürzt ist, ein Autounfall passiert ist oder jemand an einer schweren Krankheit leidet. Der Rettungsdienst hilft also Menschen, die schwer krank oder verletzt sind.

Die Aufgabe des Rettungsdienstes ist, den Gesundheitszustand von erkrankten und verletzten Personen zu beurteilen. Die Mitarbeiter des Rettungsdienstes übernehmen dann die Erstversorgung des Patienten und transportieren diesen anschließend in ein Krankenhaus. Als Patient bezeichnet man all die Menschen, die wegen einer Krankheit oder Verletzung medizinisch behandelt werden müssen.

Zum Rettungsdienst gehören drei wesentliche Fahrzeuge, welche ich euch kurz beschreiben möchte.

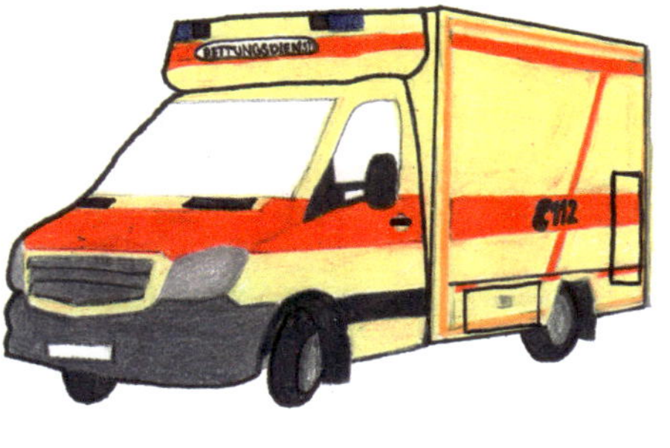

Der **Krankentransportwagen** transportiert kranke Menschen von einem Krankenhaus in ein anderes oder bringt Patienten von ihrer Wohnung in eine Arztpraxis.

Der **Rettungstransportwagen** wird zu Notfällen gerufen und versorgt verletzte oder schwer kranke Patienten.

Das **Notarzteinsatzfahrzeug** transportiert einen Notarzt zur Einsatzstelle. Die Einsatzkräfte der anderen beiden Fahrzeuge sind nämlich keine Ärzte. Der Notarzt kann dem Patienten, zusammen

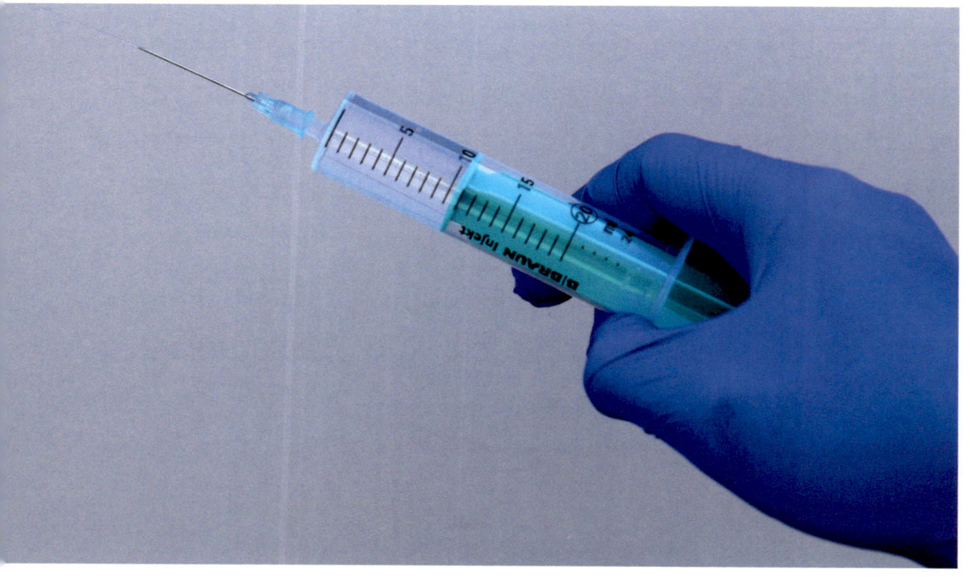

Vor einer Spritze braucht man keine Angst zu haben. Der kleine Pieks ist oftmals notwendig, um Schmerzen zu lindern oder eine Krankheit zu heilen!

mit den Kollegen des Rettungstransportwagens, auf viele weitere Arten helfen. Er darf auch noch mehr Medikamente verabreichen als die Kollegen des Rettungstransportwagens.

Auch den Rettungsdienst könnt ihr über die Notrufnummer 112 rufen!

Der Rettungsdienst wird in Deutschland von verschiedenen sogenannten Hilfsorganisationen betrieben. Vielleicht habt ihr deren Aufkleber schon einmal auf den Rettungswagen in eurer Gegend gesehen? Neben dem Malteser Hilfsdienst, dem Deutschen Roten Kreuz oder der Johanniter Unfallhilfe gibt es noch viele andere Organisationen. Auch die Feuerwehr betreibt in einigen Städten eigene Rettungswagen.

1.6.3 Die Polizei

Auch die blauen oder grünen Autos der Polizei habt ihr sicherlich schon oft durch die Straßen flitzen sehen. Die Gesetzeshüter sorgen für den Schutz der öffentlichen Sicherheit und für Ordnung. Sie sorgen im Rahmen dieser Aufgabe auch für die Verfolgung und Verhütung von Straftaten. Bei der Polizei gibt es noch verschiedene Einsatzgruppen und spezialisierte Einheiten, wie zum Beispiel die Polizeihundeführer.

Die Polizei sorgt dafür, dass Regeln und Gesetze eingehalten werden. Wenn jemand gegen diese Regeln und Gesetze verstößt, wird er verhaftet und seiner gerechten Strafe zugeführt. Die Polizei sorgt also für Recht und Ordnung und legt fiesen Verbrechern das Handwerk. Gleichzeitig hilft sie auch, wenn Dinge gestohlen wurden oder Personen vermisst werden.

Euren „Freund und Helfer“, also die Polizei, erreicht ihr unter der „110“. Auch über die Notrufnummer „112“ könnt ihr im Notfall die Polizei alarmieren.

1.6.4 Weitere Lebensretter

Neben den bereits erwähnten und sicherlich bekannten Lebensrettern möchte ich euch noch kurz ein paar wichtige andere Lebensretter vorstellen.

Die **Bergwacht** findet ihr in Gebieten mit hohen Bergen und Gebirgszügen. Die Einsatzkräfte der Bergwacht sind darauf spezialisiert, verletzte Personen aus schwindelerregender Höhe zu retten. Also zum Beispiel dann, wenn diese bei einer Wanderung gestürzt sind und nicht mehr selbstständig laufen können.

Die **Wasserwacht** besteht, wie die Bergwacht, ebenfalls aus spezialisierten Einsatzkräften. Diese sind dafür ausgebildet, Menschen aus dem Wasser zu retten. Eine Wasserwacht findet man nicht nur am Meer, sondern auch in Städten und Orten, die an Flüssen und Seen liegen.

Häufig sieht man die Lebensretter der Wasserwacht auch in öffentlichen Freibädern und Schwimmhallen, um Gefahren bei Badeunfällen zu verhindern sowie Verletzte und Erkrankte zu versorgen.

Das **Technische Hilfswerk (THW)** verfügt über speziell ausgerüstete Fahrzeuge und schwere Ausrüstung zur technischen Hilfeleistung. Mit speziellen Maschinen und Werkzeugen kommt das THW zum Beispiel bei schweren Unglücken zum Einsatz, wie bei einem Gebäudeeinsturz oder einem Zugunglück. Mit spezieller Ausrüstung sind die Einsatzkräfte des THW zum Beispiel in der Lage, schwere Lasten wie Teile eines Hauses oder Betonblöcke zu heben, um darunter eingeklemmte Personen zu befreien.

Alles verstanden?

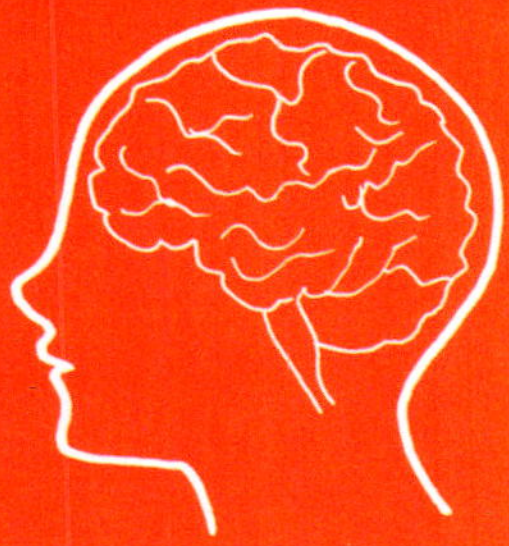

Stelle dein Wissen auf den Prüfstand!

Folgende Fragen kannst du nach Kapitel 1.6 beantworten!

1. Die vier Aufgaben der Feuerwehr lauten:

a) Löschen, Wunden versorgen, Gegenstände schützen, Menschen helfen

b) Retten, Löschen, Bergen, Schützen

c) Retten, Versorgen, Unterstützen, Helfen

2. Welche der folgenden Tätigkeiten gehört zum Aufgabenfeld des Rettungsdienstes?

a) Erstversorgung von verletzten und kranken Menschen

b) Löschen von Bränden

c) Verhaften von Straftätern

2. Der Brand

Im letzten Kapitel habt ihr schon viele Grundlagen zu den Themen „Feuer“, „Brandschutz“ und „Notfälle“ gelernt.

In diesem Kapitel dreht sich nun alles rund um das Feuer, genauer gesagt um den Brand. Ihr erfahrt, wie ihr euch verhalten müsst, wenn zum Beispiel in eurer Schule plötzlich der Feueralarm ertönt, wie ein Feuer überhaupt entsteht und auch wie man im Notfall euch und anderen Menschen helfen kann. Außerdem werdet ihr einige Warneinrichtungen kennenlernen, die im Notfall echte Lebensretter sein können.

Natürlich ist es wichtig zu wissen, wie man bei einem Brandausbruch handeln muss. Ebenfalls sehr wichtig ist es, dass es gar nicht erst zu diesem Ernstfall kommt. Deshalb geht es auf den folgenden Seiten auch darum, einem Brand vorzubeugen, und um den richtigen Umgang mit Feuer und offenem Licht.

Nach diesem Kapitel seid ihr echte Profis der Brandschutzerziehung … viel Spaß!

2.1 Wie entsteht eigentlich Feuer?

Dass Feuer ein „gutes“ sowie ein „böses“ Gesicht hat, ist euch ja bereits bekannt. Aber wie genau entstehen eigentlich die lustig tanzenden Flammen und die heiße Glut? Und warum kann Feuer eigentlich so gefährlich werden? Dies wollen wir nun gemeinsam herausfinden.

Eine Kerze anzünden ist doch einfach, oder? Aber was braucht man eigentlich alles für ein Feuer?

Das Verbrennungsdreieck

Ein Feuer braucht genau drei Dinge, damit es sich entzünden und weiterbrennen kann. Diese drei Dinge, welche ihr gleich kennenlernt, beeinflussen das Feuer und werden zur besseren Anschaulichkeit gerne als sogenanntes „Verbrennungsdreieck“ dargestellt.

Überlegen wir einmal gemeinsam: Was brauchen wir, um ein Feuer zu entzünden?

1. Brennbarer Stoff

Klar, um ein Feuer zu machen, benötigt man natürlich irgendeinen Stoff, der brennen kann, also irgendein brennbares Material.

Genau genommen kann eigentlich fast jeder Gegenstand brennen, aber nicht alles lässt sich gleich gut anzünden.

Diese Dinge kennt ihr alle aus eurem Alltag. Sie sind alle gut brennbar.

Überlegt einmal kurz: Welche Dinge sind besonders gut brennbar?

Sicherlich denkt ihr bei gut brennbaren Dingen gleich an Papier oder Stroh. Wie gut und vor allem wie schnell ein Material anfängt zu brennen, hängt unter anderem von dessen **Brennpunkt** ab. Das ist die Temperatur, bei welcher ein Stoff anfängt zu brennen.

Damit ein Feuer auch richtig lodern kann, braucht es natürlich reichlich brennbares Material. Dieses Buch, welches ihr gerade in den Händen haltet, wird sicherlich schnell anfangen zu brennen, denn Papier entzündet sich schon allein durch die Flamme eines Streichholzes. Allerdings wird das Feuer nicht lange lodern, da die Seiten in diesem Buch schnell abbrennen werden.

Wenn man nun aber an ein Haus voller Holzmöbel oder gar an einen Wald denkt, so kann man sich gut vorstellen, wie groß ein hier entstandenes Feuer werden kann.

Der erste Teil des „Verbrennungsdreiecks" ist also der brennbare Stoff. Allein ein Blatt Papier macht allerdings noch kein Feuer.

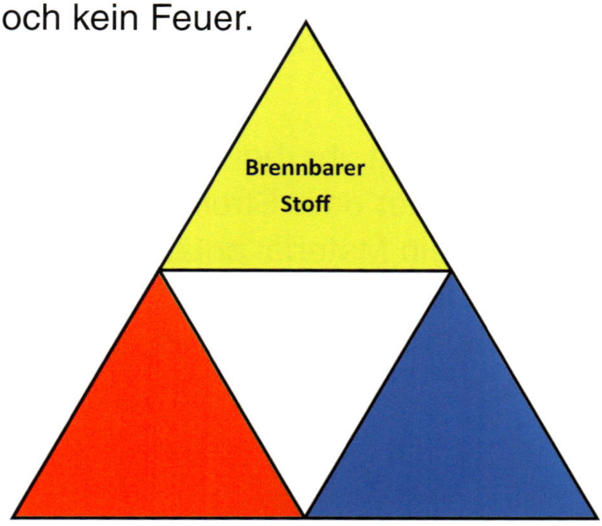

Zündquellen wie die oben abgebildeten können bei unachtsamem Umgang ein gefährliches Feuer verursachen!

2. Zündquelle

Um ein brennbares Material wie zum Beispiel ein Blatt Papier zu entzünden, braucht man natürlich eine Zündquelle. Diese überträgt im wissenschaftlichen Sinne Energie in Form von Wärme auf das Blatt Papier, welche dieses zum Brennen bringt.

Fallen euch alltägliche Zündquellen ein, welche oft auch durch Unachtsamkeit zu Bränden führen?

Typische Zündquellen aus unserem Alltag sind zum Beispiel Feuerzeuge, aber auch Glasscherben, welche die Energie der Sonnenstrahlen bündeln und so auch ein Feuer entfachen können.

Glasscherben auf dem Boden können Sonnenstrahlen bündeln und dadurch trockenes Gras entzünden!

Nun kennen wir schon 2 von 3 Bestandteilen des Verbrennungsdreiecks. Was fehlt denn da noch?

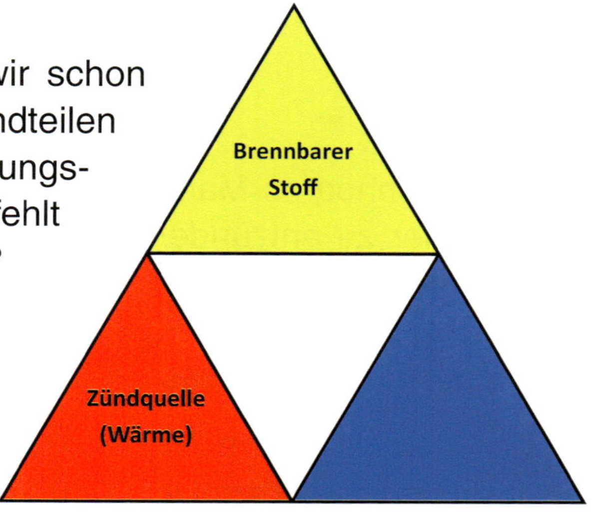

3. Sauerstoff

Den dritten Bestandteil einer Verbrennung finden wir überall um uns herum. Wir atmen ihn täglich ein, und genau wie das Feuer brauchen wir diesen „Stoff" zum Überleben.

Gemeint ist natürlich der Sauerstoff, welcher sich überall in unserer Umgebungsluft befindet.

Die Luft, die wir ein- und ausatmen, besteht übrigens nur zu ca. 21% aus Sauerstoff. Damit eine Verbrennung stattfinden kann, benötigt man Sauerstoff. Das Feuer verbraucht diesen dabei und wandelt ihn in Kohlenstoffmonoxid und Kohlenstoffdioxid um, zwei Gase, welche für Menschen lebensbedrohlich sind und beim Einatmen zum Ersticken führen können.

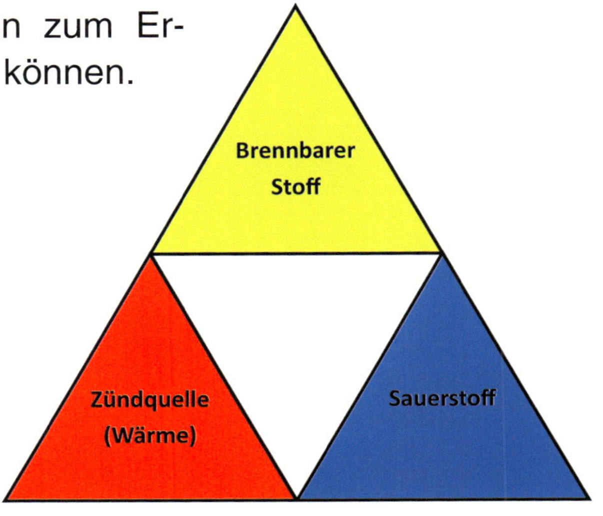

Fehlt der Sauerstoff, erlischt das Feuer. Das bedeutet, dass ein Feuer in einem geschlossenen Raum irgendwann erlischt, sobald der Sauerstoff verbraucht ist. Einem brennenden Wald hingegen wird dieser jedoch niemals ausgehen.

Dass Feuer den Sauerstoff braucht, kann man ganz einfach in einem kleinen Experiment sichtbar machen. Dieses zeige ich euch auf der nächsten Seite.

Achtung, bitte macht dieses Experiment nur unter Aufsicht eines Erwachsenen nach!

Alles was ihr benötigt, ist ein Glas, ein Teelicht sowie ein Zündmittel (hier Streichhölzer).

Entzündet das Teelicht mit einem Streichholz.

Stülpt das Glas über die Kerze.

Sobald die Flamme den Sauerstoff im Glas aufgebraucht hat, wird diese erlöschen. Je größer das Glas, desto länger brennt die Flamme.

Nun kennt ihr die drei Bestandteile des Verbrennungsdreiecks, also all die Dinge, welche ein Feuer zum Brennen benötigt. Hier seht ihr das komplette **Verbrennungsdreieck**.

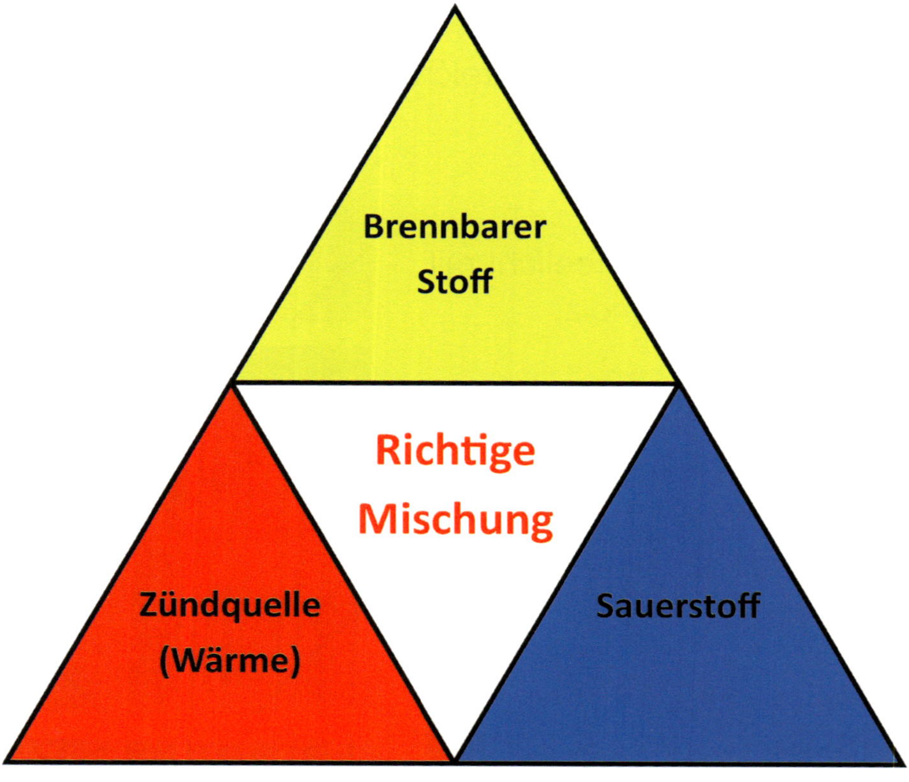

Damit ein Feuer am Brennen bleibt, müssen alle drei Bestandteile vorhanden sein und im richtigen Mischungsverhältnis stehen. Alle drei Dinge, der brennbare Stoff, der Sauerstoff und die Zündquelle, müssen also genau aufeinander abgestimmt sein. Ist zum Beispiel zu wenig Sauerstoff vorhanden, kann ein brennbarer Stoff sich trotz Zündquelle nicht richtig entzünden.

Alle Löschmethoden setzen übrigens an einem der drei Bestandteile des Verbrennungsdreiecks an, aber dazu später mehr.

Alles verstanden?

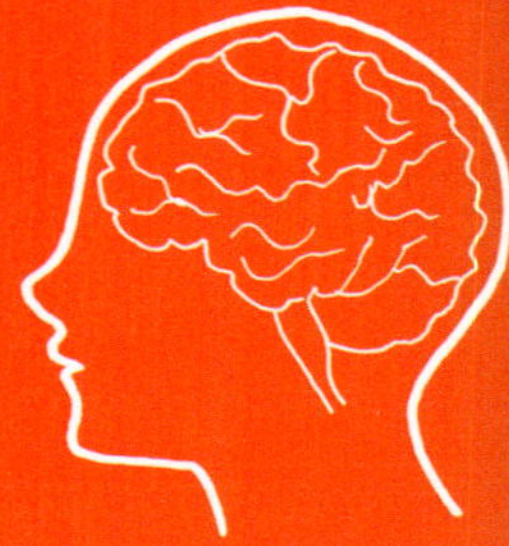

Stelle dein Wissen auf den Prüfstand!

Folgende Fragen kannst du nach Kapitel 2.1 beantworten!

1. Da fehlt doch was! Ergänze das Verbrennungsdreieck!

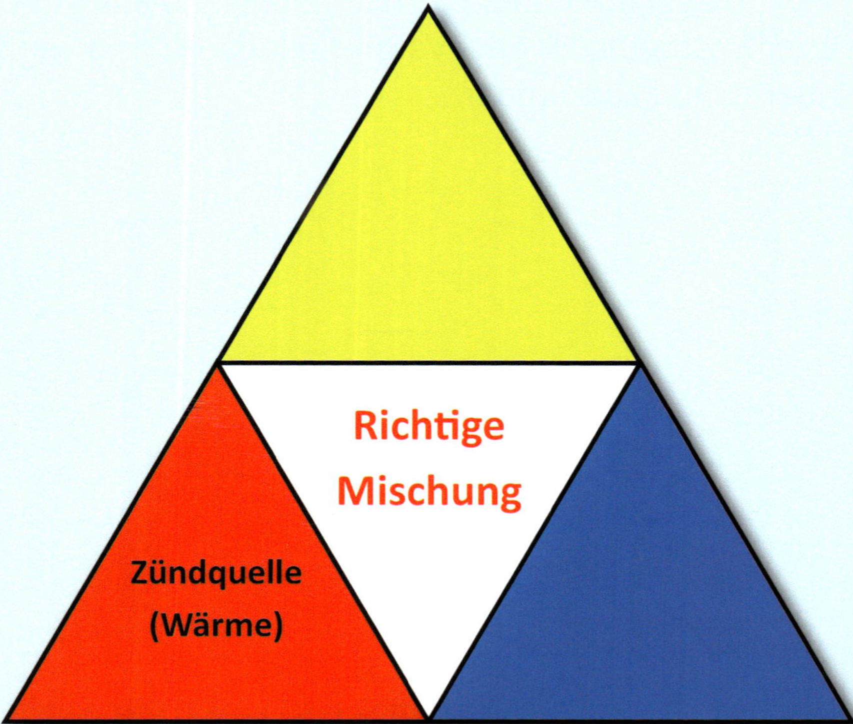

2. Du möchtest eine Kerze löschen, indem du einen Behälter über sie stülpst und das Feuer erstickst. Mit welchem Gegenstand erlischt die Flamme am schnellsten?

a) Leerer Wassereimer

b) Leerer Papierkorb

c) Leeres Wasserglas

3. Ein Grundstücksbesitzer entdeckt eines Tages leichten Rauch, der aus der Tür seines Schuppens qualmt. Erschrocken rennt er zum Schuppen und öffnet die Tür. Was wird wahrscheinlich infolgedessen passieren?

a) Durch die frische Luft, die hineinströmt, wird das Feuer ausgeblasen

b) Durch die offene Tür strömen Luft und der darin enthaltene Sauerstoff in den Schuppen, welches das Feuer weiter entfachen kann

c) Es passiert gar nichts weiter

2.2 Brandheiß und brandgefährlich

Nun habt ihr schon viel über das Feuer, Brände und die Entstehung der lodernden Flammen gelernt. Auch habe ich euch schon oft erklärt, wie gefährlich Feuer sein kann.

Aber was macht Feuer eigentlich so gefährlich und wie kann man sich vor diesen Gefahren schützen? Dies möchte ich euch im Folgenden etwas näher erklären.

1. Heiße Flammen

Ein Feuer ist eine Verbrennung. Bei einer Verbrennung wird viel Energie freigesetzt, vor allem in Form von Hitze. Wie heiß ein Feuer wird, hängt davon ab, was genau eigentlich brennt. Auch entwickeln große Brände, wie ein Wohnhausbrand, natürlich viel mehr Hitze als ein kleines Lagerfeuer.

Die Flammen können beim Menschen schwere Verbrennungen hervorrufen. Die leichteste Form der Verbrennung kennt ihr bestimmt schon, den Sonnenbrand. Dieser entsteht nicht durch ein Feuer, sondern durch die Einwir-

Auch wenn diese dicke Jacke sicherlich im Winter schön warmhält, so ist sie keinesfalls als Schutzkleidung vor Flammen geeignet. Die Stoffe, aus welchen die Jacke hergestellt wurde, fangen ab bestimmten Temperaturen ebenfalls an zu brennen.

kung der Sonne. Schwerere Verbrennungen führen zu einem erheblichen Schaden der Haut sowie zu starken Schmerzen und können lebensgefährlich sein.

Als besten Schutz vor den heißen Flammen und schweren Verbrennungen gilt also: Abstand halten! Haltet euch von den heißen Flammen fern und spielt nicht mit ihnen! Verlasst euch auch nicht auf den Schutz eurer Kleidung, da diese natürlich auch anfangen kann zu brennen.

Die Schutzkleidung der Feuerwehr besteht aus speziellen Materialien, die widerstandsfähiger gegen Flammen sind und dem Feuerwehrmann einen gewissen Schutz vor Feuer bieten.

2. Giftiger Rauch

Die größte Gefahr, zum Beispiel bei einem Wohnhausbrand, geht aber vom giftigen Rauch aus. Bis zu 90% aller Brandtoten sterben nicht durch die direkte Einwirkung der heißen Flammen, sondern am Brandrauch.

So faszinierend die lodernden Flammen auch sein können, Feuer und Rauch können lebensgefährlich sein!

Wenn Materialien verbrennen, wie zum Beispiel ein Schrank aus Holz, entstehen giftige und heiße Gase. Diese sind auch im dunklen Rauch enthalten, der bei einem Feuer aufsteigt. Je nachdem was genau verbrennt, sind im Brandrauch unterschiedliche giftige Stoffe enthalten. Brandrauch ist also ein Gemisch aus giftigen Gasen. Im Rauch ist allerdings kein Sauerstoff mehr enthalten, den unser Körper dringend zum Leben braucht. Atmet ein Mensch also den giftigen Brandrauch ein, genügen schon wenige Atemzüge, bis die Person bewusstlos wird. Die betroffenen Menschen können also im schlimmsten Fall am Brandrauch ersticken.

Auch vor dem giftigen dunklen Rauch schützt man sich am besten, indem man Abstand hält.

Denn wie bereits erwähnt, ist im dicken Rauch kein Sauerstoff enthalten, den wir dringend zum Leben benötigen. Auch ein feuchtes Tuch vor dem Mund schützt euch nicht wirksam vor den gefährlichen und giftigen Gasen im Brandrauch!

Ein wirksamer vorbeugender Schutz, um überhaupt gar nicht erst vom dicken Rauch überrascht zu werden, sind **Rauchmelder**. Dazu erfahrt ihr später mehr.

3. Ausbreitung

Ein kleines Feuer kann sich unter bestimmten Bedingungen, wie zum Beispiel trockenem Wetter mit heißen Winden, rasant und gefährlich ausbreiten. Vor allem Feuer auf Wiesen, Feldern und in Wäldern können sehr hohe Geschwindigkeiten entwickeln, vor denen man nicht wegrennen kann.

Auch hier gilt: Halte genug Abstand zum Feuer!

Alles verstanden?

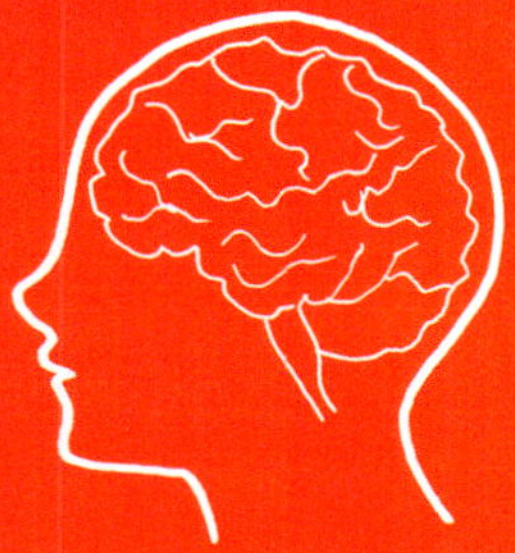

Stelle dein Wissen auf den Prüfstand!

Folgende Fragen kannst du nach Kapitel 2.2 beantworten!

1. Welche Gefahren können von Feuer ausgehen?

a) Giftiger Brandrauch

b) Heiße Flammen und eine mögliche schnelle Ausbreitung des Feuers

c) Antwort a und Antwort b sind richtig

2. Kann man mit einem feuchten Tuch vor dem Gesicht durch dicken Brandrauch laufen?

a) Nein, man würde schnell im Rauch ersticken

b) Ja, man kann bedenkenlos durch den dicken Rauch laufen

c) Nur wenn man ganz schnell rennt

2.3 Handeln, bevor es brennt!

Natürlich sollt ihr im nächsten Kapitel auch lernen, wie man sich verhalten muss, wenn ein Feuer ausgebrochen ist oder dicke Rauchschwaden durch das Treppenhaus ziehen. Am besten ist es jedoch zu wissen, wie man einem Brandausbruch vorbeugen und ihn verhindern kann.

Darum möchte ich euch jetzt zeigen, was ihr tun könnt, um zu verhindern, dass ein Feuer überhaupt erst ausbrechen kann.

Denn Achtsamkeit im Alltag und im Umgang mit Feuer sowie offenem Licht kann ein schweres Unglück möglicherweise verhindern.

Zündmittel wie die oben abgebildeten sind keine Spielzeuge!

Grundregeln im Umgang mit Feuer

1. Messer, Gabel, Schere, Licht – sind für kluge Kinder nicht!

Streichhölzer, Feuerzeuge oder auch Kerzen erzeugen zwar lustig flackernde Flammen, sind aber vor allem Gegenstände, die einige Gefahren in sich tragen.

Darum gehören Feuerzeuge, Streichhölzer, Kerzen und andere Zündmittel nicht in die Hände von Kindern und dürfen nur unter Aufsicht von Erwachsenen benutzt werden!

Auch heiße Oberflächen, wie zum Beispiel eine Herdplatte, können ein Feuer entfachen.

Achtet darauf, dass auch Erwachsene keine Gegenstände achtlos auf heißen Oberflächen stehen lassen!

Herdplatten können bis zu 600 °C heiß werden!

Manche elektrischen Geräte haben im Gehäuse Lüftungsschlitze, wodurch heiße Luft entweichen kann. Ein Beispiel hierfür ist ein Computer oder auch ein Drucker.

Diese Lüftungsschlitze dienen dazu, dass die heiße Luft aus dem Gerät entweichen kann und dieses nicht überhitzt.

Lüftungsschlitze an elektrischen Geräten sorgen dafür, dass diese nicht überhitzen und brennen.

Es ist wichtig, diese Lüftungsschlitze nicht zu verdecken, zum Beispiel mit einer Zeitschrift oder abgelegter Kleidung. Wenn die Lüftungsschlitze verdeckt sind, kann das Gerät anfangen zu brennen.

Elektrische Geräte, wie zum Beispiel ein Fernseher, können auch mal kaputtgehen und einen sogenannten Kurzschluss verursachen. Dabei fließt unkontrolliert Strom, welcher ein Feuer verursachen kann. Darum solltet ihr eingeschaltete elektrische Geräte, wie Fernseher und Radio, niemals unbeaufsichtigt lassen.

Auch Lagerfeuer müssen stets von euch und einem Erwachsenen beaufsichtigt werden. Besonders vor dem Funkenflug solltet ihr euch in Acht nehmen und keine brennbaren Materialien in der Nähe des Feuers liegen lassen. Jedes offene Feuer, selbst eine Kerze, darf nie unbeaufsichtigt bleiben!

Auch Kleidung, die in der Nähe einer Hitzequelle aufgehängt wurde, kann nach dem Trocknen anfangen zu brennen!

Diese Grundregeln gelten überall! Egal ob ihr zuhause, in der Schule oder bei Freunden zu Gast seid.

2. Lebensretter in den eigenen vier Wänden!

Wenn ihr mal einen echten Lebensretter sehen wollt, müsst ihr meistens gar nicht lange suchen.

Den Lebensretter, den ich meine, findet man mittlerweile in fast allen Haushalten. In Deutschland ist es sogar Pflicht, diese Lebensretter im Schlaf- und Kinderzimmer sowie einigen anderen Räumen zu installieren.

Na, wisst ihr, wen ich meine? Noch nicht? Dann gebe ich euch noch ein paar Tipps!

Dieser Lebensretter warnt euch vor einer tödlichen Gefahr, welche ein Feuer mit sich bringt. Er wacht, wenn alle schlafen, und gibt sofort Alarm, wenn er Brandrauch sieht. Dann meldet er sich mit einem lauten „PIIIIIIIEP“.

Ihr habt es mittlerweile sicherlich erraten. Die Rede ist von einem Rauchmelder, dem kleinen Alltagshelden, der meistens still und friedlich an unseren Zimmerdecken auf uns aufpasst.

Rauchmelder retten Leben!

Aber wofür dieser kleine runde Kasten, wenn wir doch unsere eigenen Sinne haben? Eine Warnung vor Rauch, warum? Schließlich können wir den Rauch doch sehen, riechen und sogar schmecken?!?

Dies ist zwar für die meiste Zeit des Tages zutreffend, allerdings nicht, wenn wir schlafen. Denn im Schlaf funktionieren unsere Nase, unsere Augen und unser Geschmackssinn nicht so wie am Tag. Bricht in der Nacht ein Feuer aus, würden wir den Rauch vielleicht zu spät bemerken.

Darum warnt uns der Rauchmelder rechtzeitig, sowohl am Tage als auch wenn wir schlummern. Denn je eher ein Feuer bemerkt wird, desto besser!

Danke, lieber Rauchmelder!

Alles verstanden?

Stelle dein Wissen auf den Prüfstand!

Folgende Fragen kannst du nach Kapitel 2.3 beantworten!

1. Was wurde hier falsch gemacht?

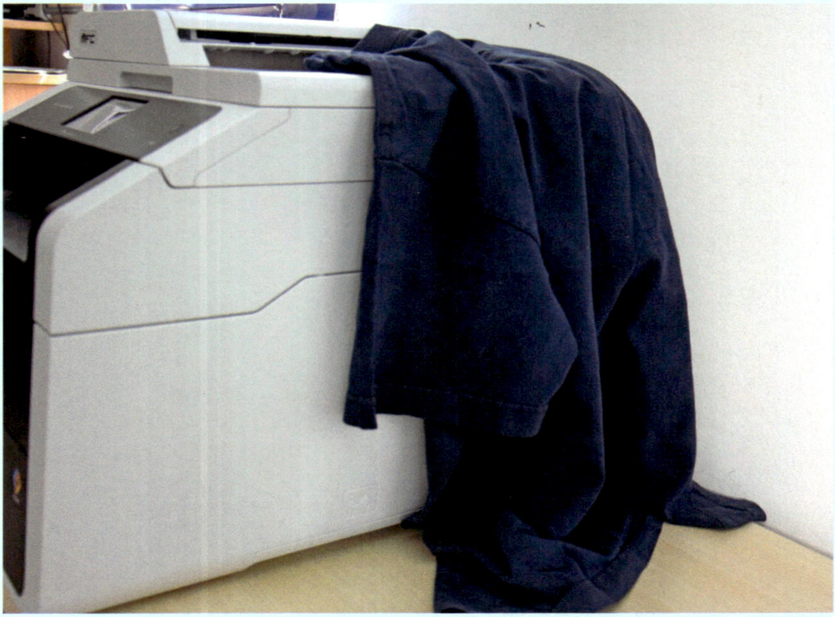

a) Die Lüftungsschlitze sind verdeckt, das Gerät könnte Feuer fangen

b) Gar nichts

c) Nur Gegenstände, die nicht brennen können, dürfen auf Lüftungsschlitzen liegen

2. Welcher Gegenstand könnte am schnellsten Feuer fangen, wenn Papa jetzt anfängt zu kochen?

a) Der Salzstreuer

b) Das Glas Wasser

c) Der Topflappen

3. Welcher Gegenstand kann bei unvorsichtigem Umgang ein Feuer entfachen?

a) Eine Glasscherbe auf einer Wiese

b) Ein abgedeckter, eingeschalteter Drucker

c) Beide Gegenstände könnten ein Feuer entfachen

2.4 Was tun, wenn es brennt?

So, nun aber genug der Vorworte und allgemeinen Beschreibungen. Ihr habt ja schon einige Dinge gelernt, die man im Notfall beachten muss.

Ihr wisst, dass man sich selbst und andere nicht weiter in Gefahr bringen darf. Ihr habt auch schon gelernt, wie man Hilfe holt und einen Notruf absetzt. Aber was tun, wenn dicker Rauch den Weg versperrt? Wie reagiert man richtig, wenn das Feuer den einzigen Fluchtweg blockiert, und was gibt es bei einem Feueralarm in der Schule eigentlich zu beachten?

All diese Fragen möchte ich euch gleich ausführlich beantworten.

Auch wenn es ein paar Unterschiede darin gibt, wie ihr euch verhalten sollt, je nachdem wo es brennt, sind die Grundsätze aber immer gleich! Diese kennt ihr bereits als die 4 goldenen Regeln im Notfall.

Regel Nummer 1:
Ruhe bewahren

Regel Nummer 2:
Gefahren meiden, absichern!

Regel Nummer 3:
Hilfe holen!

Regel Nummer 4:
In Sicherheit bringen, anderen helfen!

Was es sonst noch zu beachten gibt, je nachdem ob es bei euch zuhause, in der Schule oder in einem anderen öffentlichen Gebäude brennt, will ich euch jetzt zeigen.

2.4.1 Es brennt bei euch zuhause

Zu Beginn dieses Abschnitts möchte ich euch zu einem kleinen Gedankenspiel einladen. Stellt euch Folgendes vor:

An einem Mittwochnachmittag sitzt ihr allein in eurem Zimmer. Eure Eltern sind vor ungefähr 15 Minuten zum Einkaufen gefahren.

Als ihr gerade über euren Mathehausaufgaben grübelt und euer Kopf schon fast zu qualmen beginnt, bemerkt ihr plötzlich einen merkwürdigen Geruch. „Hier riecht es doch irgendwie … verbrannt!“ Oh weh, brennt es etwa? Schnell lauft ihr zu eurer Zimmertür und öffnet diese.

Oh Schreck! Als ihr die Tür öffnet, dringen euch feine Rauchschwaden entgegen. Der Flur ist verraucht, scheinbar brennt es irgendwo in der Küche! Was also tun?

Giftiger Rauch versperrt euch den Weg!

Diese beispielhafte Situation soll euch vor Augen führen, wie man sich bei einem Brand in einem Gebäude verhalten soll.

Wie ihr bereits wisst, ist der Brandrauch sehr giftig und darf auf keinen Fall eingeatmet werden! Also schließt schnell die Tür!

Als Nächstes müsst ihr die Feuerwehr rufen. Falls ihr kein Telefon habt, geht zum Fenster, ruft laut „Hilfe, Feuer!", winkt und macht irgendwie auf euch aufmerksam. Versucht auf keinen Fall durch den Rauch nach draußen zu gelangen, denn schon wenige Atemzüge reichen aus und ihr sackt bewusstlos auf den Boden.

Wenn ihr Handtücher, Jacken oder Ähnliches zur Hand habt, legt diese vor den Türspalt, damit hier kein Rauch durchdringen kann. Am besten funktioniert dies, wenn ihr diese vorher nass macht. Lauft aber auf keinen Fall in den Rauch!

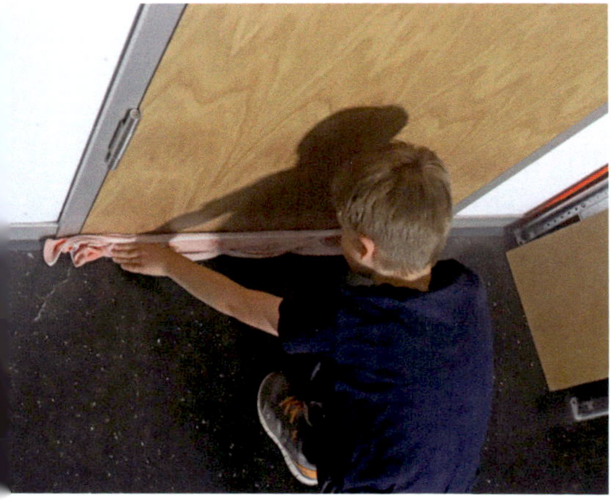

Die Tücher verhindern, dass der Rauch unter der Tür durchdringt.

Wartet am Fenster oder auf einem Balkon, bis die Feuerwehr eintrifft. Versucht auf keinen Fall, irgendwelche Löschmaßnahmen zu ergreifen!

Geht ans offene Fenster und ruft laut um Hilfe!

Wenn ihr ein Feuer in einem Zimmer entdeckt und die Fluchtwege, wie zum Beispiel das Treppenhaus, sind noch nicht verraucht, schließt ihr die Tür des Brandraumes schnell von außen. Dann informiert ihr alle anderen Hausbewohner und flüchtet schnell ins Freie und bringt euch in Sicherheit! Wenn möglich schließt offene Fenster, bringt euch dabei aber nicht in Gefahr!

Nutzt auf keinen Fall Fahrstühle, sondern nur Treppen, denn diese Fahrstühle/Aufzüge können bei Feuer eine tödliche Falle sein, da sie stecken- und die Türen geschlossen bleiben können.

Sollte euch einmal nichts anderes übrigbleiben, als durch den Rauch zu fliehen, kriecht immer auf dem Boden entlang. Der warme giftige Rauch steigt nach oben und sammelt sich zuerst unter der Decke.

Wenn die Feuerwehr zu euch kommt, bringt sie manchmal sogenannte „Brandfluchthauben“ mit. Diese könnt ihr auf den Bildern unten sehen.

Diese Brandfluchthauben werden einfach über den Kopf gezogen und sind eine Art Atemmaske. Sie schützen euch ein wenig vor den giftigen Stoffen im Rauch, sind aber auch nur eine Notfalllösung.

Die Feuerwehr hilft euch natürlich beim Anziehen dieser Masken und rettet euch dann nach draußen ins Freie.

Was tun, wenn es zuhause brennt?

A = Feuer in einem Zimmer B = Der Fluchtweg ist durch das Feuer versperrt

2.4.2 Es brennt in einem öffentlichen Gebäude

In einem öffentlichen Gebäude, wie zum Beispiel der Bibliothek, gibt es keine Unterschiede, wie ihr euch beim Brand verhalten solltet. Wenn ihr vom Rauch eingeschlossen seid und die Fluchtwege versperrt sind, sucht ebenfalls ein Fenster auf und verschließt alle Türen.

Solltet ihr ein Feuer in einem Zimmer entdecken und die Fluchtwege sind frei, schließt ihr nach Verlassen des Raumes die Tür. Sofern möglich schließt ihr alle Fenster, warnt andere und flüchtet dann nach draußen. Nutzt dabei auf keinen Fall Aufzüge.

Bei Feuer in einem Gebäude dürfen nur die Treppen ins Freie verwendet werden! Das habt ihr auch schon im vorherigen Abschnitt gelernt.

In öffentlichen Gebäuden, auch in eurer Schule, gibt es dennoch eine Besonderheit.

Die meisten dieser Gebäude besitzen eine Brandmeldeanlage und/oder einen Hausnotruf.

Was macht eine Brandmeldeanlage?

Eine Brandmeldeanlage meldet Feuer oder giftige Gase in einem Gebäude. Entdeckt eine Brandmeldeanlage ein Feuer, zum Beispiel weil die Rauchmelder den Qualm bemerkt haben, gibt sie einen Alarm. Dann sind alle Menschen in einem Gebäude gewarnt und wissen: „Es brennt!“ So können sich alle schnell in Sicherheit bringen, bevor das Feuer die Fluchtwege versperren und sich ausweiten kann.

Aber eine Brandmeldeanlage kann noch viel mehr! Sie ist ein wahrer Superheld!

Dieser Kasten ist das Herzstück der Brandmeldeanlage, die sogenannte Brandmeldezentrale. Hier kann die Feuerwehr sehen, wo genau es brennt.

Manche Brandmeldeanlagen leiten den Alarm sofort an die Feuerwehrleitstelle weiter. Diese kann dann die Feuerwehr schicken, ohne dass jemand erst die 112 wählen muss! So wird lebensrettende Zeit gewonnen.

Entdeckt eine Brandmeldeanlage das Feuer nicht von selbst, könnt auch ihr den Alarm auslösen. Hierfür gibt es sogenannte „Handdruckmelder“. Ihr erkennt sie an den roten Kästen, welche an einigen Wänden hängen.

Wenn ihr eine Gefahr, zum Beispiel ein Feuer, entdeckt, müsst ihr zuerst die Scheibe vor dem Knopf einschlagen.

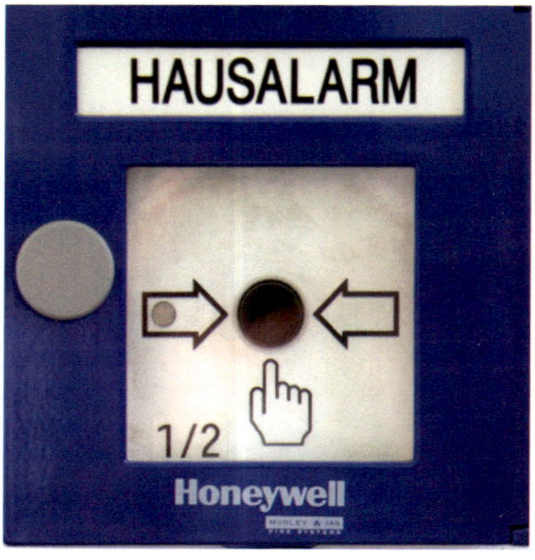

Handdruckmelder Hausalarm

Handdruckmelder Feueralarm (über Brandmeldeanlage)

Dafür nehmt ihr am besten euren Schuh. Abschließend müsst ihr noch auf den Knopf drücken und der Alarm geht los. Aber Achtung! Der Alarm darf nur im Notfall ausgelöst werden!

Ein „Notrufmissbrauch“ ist strafbar und verhindert, dass die Lebensretter dann im „richtigen“ Notfall oder Brand schnell zur Hilfe kommen können!

Dieser Rauchmelder ist direkt mit der Brandmeldeanlage verbunden. Entdeckt er nun Qualm, schlägt die Brandmeldeanlage sofort Alarm.

Einige Brandmeldeanlagen können sogar noch mehr! In manchen Gebäuden befinden sich auch verschiedene Löschanlagen.

Der bekannteste Vertreter dieser Löschanlagen ist sicherlich die „Sprinkleranlage“. Über viele kleine Düsen an der Decke wird bei einem Feuer schnell Wasser im Raum verteilt, um die Flammen zu löschen, ähnlich einem Regenwetter. Die Sprinkleranlagen werden durch die sich im Raum entwickelnde Hitze ausgelöst.

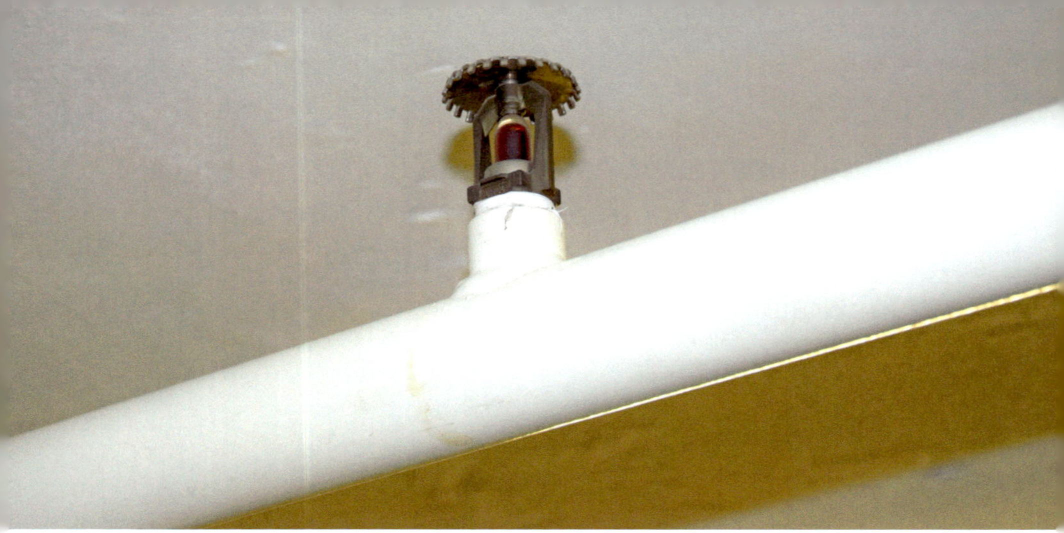

Sprinkler verteilen im Brandfall schnell eine große Menge Wasser im Raum.

Der Hausalarm lässt nur einen lauten Alarmton im Gebäude ertönen und warnt andere Menschen. Der Hausalarm muss meistens über die blauen Handdruckmelder eingeschaltet werden, die Feuerwehr wird hier nicht sofort informiert.

Wenn ihr das Gebäude verlasst, müsst ihr zu den Sammelplätzen laufen. Das sind Plätze, wo ihr euch außerhalb jeder Gefahr aufhalten könnt, bis die Feuerwehr kommt. Ihr erkennt die Sammelplätze an den grünen Schildern.

Am Sammelplatz seid ihr in Sicherheit.

Folgt den grünen Schildern. Sie zeigen euch den schnellsten Weg in Sicherheit.

Notausgänge

Falls ihr euch mal nicht sicher seid, welcher Weg am schnellsten ins Freie führt, folgt den Notausgangsschildern. Diese grünen Schilder zeigen euch den schnellsten Weg nach draußen.

Sie gibt es in allen öffentlichen Gebäuden und auch in eurer Schule.

Achtet auf sie. Auch wenn es nicht brennt!

2.4.3 Es brennt in der Schule

Wenn ihr ein Feuer in der Schule entdeckt, handelt ihr genauso wie zuvor beschrieben.

Auch hier gibt es aber eine Besonderheit!

Wenn ihr in der Klasse sitzt und der Feueralarm schrillt, hört ihr genau auf die Anweisungen der Lehrerin oder des Lehrers! Folgende Punkte solltet ihr auf jeden Fall beachten:

1. Nehmt keine unnötigen Sachen mit (z. B. schwere Schulranzen).
2. Schließt alle Fenster.
3. Folgt der Lehrerin oder dem Lehrer.
4. Schließt alle Türen hinter euch.
5. Bleibt zusammen.
6. Sammelt euch beim Sammelplatz (einfach der Lehrerin oder dem Lehrer nach).
7. Verlasst den Sammelplatz nicht, bis die Feuerwehr oder weitere Hilfe kommt.
8. Meldet eurem Lehrer, falls ihr bemerkt, dass ein Schüler fehlt.

Falls der Feueralarm ertönt und ihr euch nicht in der Klasse, sondern im Schulgebäude befindet, lauft sofort nach draußen, sucht am Sammelplatz nach eurer Klasse und meldet euch bei eurem Lehrer. Denkt an die grünen Schilder, welche euch den Fluchtweg weisen. Alle wichtigen Verhaltensregeln könnt ihr in eurer Schule auch auf diesen Aushängen nachlesen:

Alles verstanden?

Stelle dein Wissen auf den Prüfstand!

Folgende Fragen kannst du nach Kapitel 2.4 beantworten!

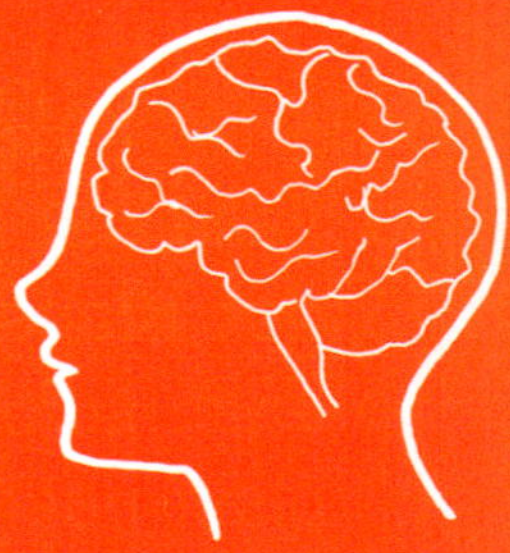

1. Als du eines Abends allein in deinem Zimmer sitzt, bemerkst du auf einmal Brandgeruch. Als du deine Zimmertür öffnest, siehst du dicken Qualm. Was musst du jetzt tun?

a) Ich schließe die Tür und versuche den Türspalt zu verstopfen

b) Ich rufe Hilfe. Wenn möglich gehe ich an ein Fenster

c) Antwort a und b sind richtig

2. Du sitzt in deiner Klasse im Unterricht. Plötzlich ertönt der Feueralarm. Was solltest du jetzt tun?

a) Ich verlasse das Gebäude und gehe nach Hause

b) Wir gehen gemeinsam über die Notausgänge zum Sammelplatz

c) Ich packe alle Dinge auf meinem Tisch wieder zurück in den Rucksack und gehe nach draußen

Feuerlöscher sind eine schnelle Möglichkeit, um kleine Brände zu löschen. Das übernehmen aber die Erwachsenen.

2.5 Brandklassen und ihre Löschmittel

Nun habt ihr doch schon echt viel gelernt, oder? Ihr wisst, wie ein Feuer entsteht und was es benötigt, um sich weiter auszubreiten. Dass ein Feuer in öffentlichen Gebäuden oder auch zuhause entsteht oder sich ausbreitet, wollen wir verhindern.

In Gefahren und Notfällen müssen Feuer gelöscht werden! Wie man ein Feuer löscht und weitere Gefahren verhindert, erfahrt ihr auf den nächsten Seiten.

Wie man Feuer löschen kann

Gleich vorab etwas ganz Wichtiges! Große Feuer zu löschen, ist Sache der Feuerwehr! Es handelt sich hier schließlich um eine äußerst gefährliche und oft auch kraftraubende Tätigkeit. Klar könnt ihr aber ein kleines Feuer wie einen brennenden Papierkorb auch selbst löschen. Holt euch aber unbedingt immer einen Erwachsenen zur Hilfe!

Womit können wir denn nun ein Feuer löschen? Fällt euch etwas ein?

Was denkt ihr: Welcher der unten abgebildeten Gegenstände eignet sich **nicht** zum Löschen von Feuer?

Na klar: Ein Föhn macht zwar ordentlich Wind, eignet sich aber höchstens, um eine Kerze aus-zupusten. Er führt dem Feuer außerdem schnell Sauerstoff zu, was dafür sorgt, dass dieses sogar schneller und gefährlicher brennt!

Alle Löschmittel nehmen dem Feuer einen der drei Bestandteile des Verbrennungsdreiecks. Sicherlich erinnert ihr euch noch! Das Verbrennungsdreieck stellt die drei Dinge dar, die ein Feuer zum Brennen benötigt:

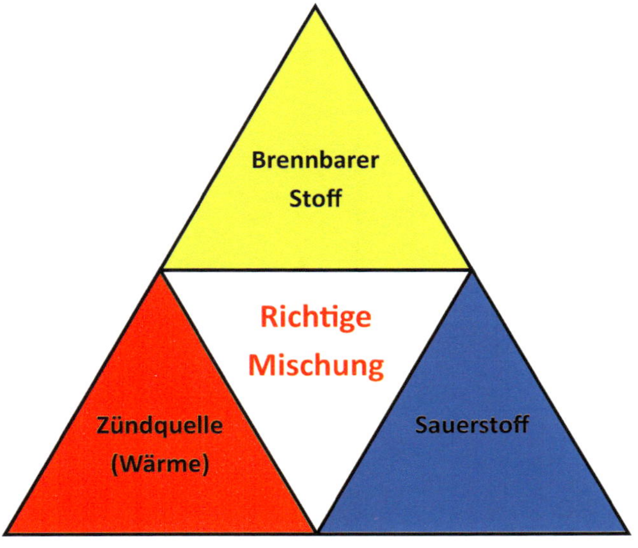

Auf Grundlage des Verbrennungsdreiecks gucken wir uns nun die verschiedenen Löschmittel und ihre Löschwirkung an.

Feuer abkühlen

Vermutlich habt ihr alle zuerst an den Wassereimer gedacht. Wasser ist ein ideales Löschmittel! Es gibt nur wenige Brände, welche man mit Wasser nicht löschen sollte! Wasser ist leicht zu transportieren und entzieht dem Feuer die nötige Hitze, die es zum Brennen braucht.

Die Feuerwehr löscht meistens mit Wasser.

Feuer ersticken

Eine weitere Möglichkeit, ein Feuer zu löschen, ist den Flammen den nötigen Sauerstoff zu entziehen. Das Feuer wird somit erstickt.

Dies kann man zum Beispiel mit Sand erreichen, da er das Feuer vom Sauerstoff abschließt. Bestimmte Feuerlöscher löschen mit Kohlenstoffdioxid, Pulver oder Schaum, welche das Feuer ebenfalls ersticken. Auch eine Feuerlöschdecke wird über das Feuer gestülpt, um dieses zu ersticken.

Eimer mit Löschsand.

Feuerlöscher findet ihr auch in eurer Schule. Haltet doch einfach in der nächsten Pause mal die Augen auf.

Brennbares Material entziehen

Es ist gar nicht so leicht, einem Feuer den „Nährboden", also das brennbare Material zu entziehen. Bei großen Waldbränden legt die Feuerwehr sogenannte „Wundstreifen" oder auch „Brandschneisen" an. Das sind trockene Flächen, auf welchen alles brennbare Material entfernt wurde. Hier hat die Feuerwehr also zum Beispiel alle Bäume gefällt oder hohes Gras bereits kontrolliert abgebrannt.

Nun kennt ihr verschiedene Löschmethoden. Welches Feuer mit welchem Mittel gelöscht werden kann, hängt von dessen „Brandklasse" ab, welche ich euch im Folgenden erklären möchte.

Anlegen einer Brandschneise.

Brandklassen

Feuer ist nicht gleich Feuer! Es macht einen großen Unterschied, ob ein Stapel Papier, ein Holzhaus oder ein Kanister mit Benzin brennt.

Alle brennbaren Stoffe teilt man in verschiedene Brandklassen ein. Die Brandklassen unterscheiden sich darin, wie genau das Feuer brennt und wie es gelöscht werden kann.

Brandklasse A – Brände von festen Stoffen

Zur Brandklasse A zählen alle festen Stoffe. Dazu gehören zum Beispiel Papier, Holz oder auch Kleidungsstücke.

Feste Stoffe können auf alle erdenkliche Arten gelöscht werden. Sie können mit Wasser abgekühlt werden oder mit Sand, Pulver sowie Schaum erstickt werden.

Brandklasse B – Brände von flüssigen oder flüssig werdenden Stoffen

Zur Brandklasse B zählen Benzin, Wachse oder auch Alkohol (Ethanol). Da diese Stoffe meistens leichter sind als Wasser, können diese Brände nicht mit Wasser gelöscht werden. Der brennende Stoff würde einfach auf dem Wasser schwimmen und weiterbrennen.

Stattdessen kann man Brände der Brandklasse B mit Schaum oder Pulver löschen.

Hier brennt Benzin. Statt mit Wasser sollte man es mit Schaum oder Pulver aus einem Feuerlöscher löschen.

Brandklasse C – Brände von Gasen

Bei Brandklasse C brennen Gase. Also zum Beispiel das brennbare Gas „Propan“, welches auch zum Heizen oder Grillen verwendet wird.

Wenn möglich, muss hier erst ein Sperrventil zugedreht werden, damit kein weiteres Gas austreten kann. Brennende Gase kann man zum Beispiel mit Kohlenstoffdioxid oder Pulver löschen.

Dieser Grill verbrennt Propangas.

Brandklasse D – Brände von Metallen

Vielleicht habt ihr schon einmal von verschiedenen Metallen gehört, welche auch brennen können. Brennende Metalle entwickeln meist sehr große Hitze. Zu ihnen zählen zum Beispiel Aluminium oder Magnesium. Auch eine Wunderkerze besteht aus einer Mischung verschiedener Metallpulver, wie Eisen und Aluminium.

Der Versuch, mit Wasser zu löschen, wird hier weitestgehend erfolgslos sein. Stattdessen werden Metallbrände mit speziellem Pulver oder auch Sand gelöscht.

Abbrenende Wunderkerze.

Brandklasse F – Brände von Speiseölen/-fetten

Genau wie ich esst ihr bestimmt auch gerne Pommes. In der Fritteuse, in welcher Pommes zubereitet werden, ist ein Speiseöl oder bestimmtes Fett. Dieses wird erhitzt, um die Pommes so wunderbar knusprig zu frittieren.

Öle oder Fette, wie zum Beispiel in der Fritteuse, können sich aber auch entzünden. Hier darf man auf keinen Fall Wasser zum Löschen benutzen, da dann eine große Stichflamme entsteht!

Für Fettbrände eignet sich am besten eine Löschdecke oder spezielle Feuerlöscher, um das Feuer zu ersticken. Auch ein Topfdeckel, welcher schnell auf die Fritteuse gelegt wird, kann das Feuer ersticken.

In dieser Fritteuse befindet sich heißes Pflanzenfett.

Brennendes Fett oder Öl niemals mit Wasser löschen! In diesem Experiment seht ihr, was passiert, wenn ein Glas voll Wasser in brennendes Öl gekippt wird. Es gibt eine riesige und sehr gefährliche Stichflamme.

Diese Tabelle zeigt euch noch mal die Brandklassen mit ihren typischen Vertretern und Löschmitteln.

Brandklasse	Definition	Beispiele	Löschmittel
A	Brände fester Stoffe (Glut- + Flammenbildung)	Holz, Papier, Kohle, Kunststoffe	Wasser, Schaum, ABC-Pulver, Löschgase, Löschdecke
B	Brände flüssiger oder flüssig werdender Stoffe (Flammenbildung)	Benzin, Ethanol, Teer, Wachse	Schaum, ABC-Pulver, BC-Pulver, CO_2
C	Brände von Gasen (Flammenbildung)	Acetylen, Wasserstoff, Erdgas, Propan	ABC-Pulver, BC-Pulver, CO_2
D	Brände von Metallen (Glut- +Flammenbildung)	Aluminium, Magnesium, Natrium, Kalium	Metallbrandpulver (D-Pulver), Sand
F	Brände von Speiseölen/-fetten (Flammenbildung)	Speiseöle, Speisefette (Rapsöl)	Fettbrandlöscher, Pulver-Löscher, Löschdecke

Alles verstanden?

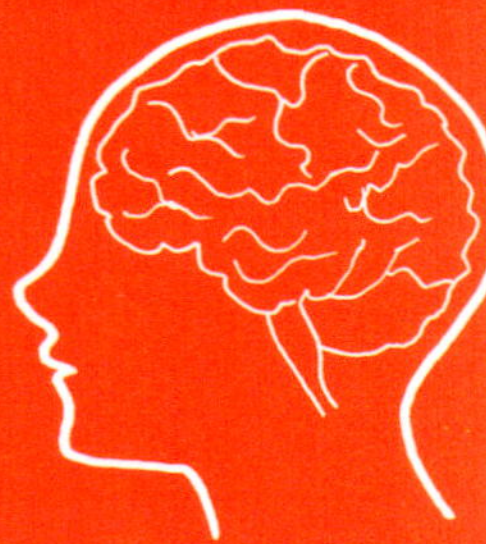

Stelle dein Wissen auf den Prüfstand!

Folgende Fragen kannst du nach Kapitel 2.5 beantworten!

1. Welche der folgenden Tätigkeiten ist eine Löschmethode im Sinne des Verbrennungsdreiecks?

a) Feuer ersticken

b) Feuer abkühlen

c) Antwort a und b sind richtig!

2. Betrachte das Bild. Dargestellt ist brennendes Fett in einem Topf. Was wird wohl ebenfalls passiert sein?

a) Starker Wind hat das Feuer weiter zu einer Stichflamme entfacht

b) Der Topf ist zu heiß geworden und explodiert

c) Jemand hat Wasser in das brennende Fett gegossen

3. Ordne den brennbaren Stoffen das richtige Löschmittel zu!

(Es gibt mehrere Lösungen)

Holz	Löschdecke
Propangas	Sand
Benzin	Wasser
Fett und Speiseöl	Schaum
Metalle (wie Aluminium)	Pulver

Vom Brandschutzexperten zum Lebensretter

Nun habt ihr echt viel gelernt. Ihr kennt verschiedene Gefahren, wisst, wie man sich richtig bei einem Feuer verhält, wie man Hilfe holt und sogar welche Brandklassen es gibt. Spitze!

Wie versprochen, soll es im zweiten Teil des Buches nun um die Erste Hilfe gehen, einem super wichtigen Thema. Hier lernt ihr, wie man lebensbedrohliche Verletzungen versorgt und wie ihr verletzten und kranken Menschen das Leben retten könnt.

Viel Spaß also beim spannenden zweiten Teil!

3. Erste Hilfe

3.1 Warum jeder helfen kann

Nun wisst ihr schon viel über die Grundlagen der Brandschutzerziehung sowie das Verhalten im Brandfall. Mit den Tipps und Verhaltensregeln der letzten Kapitel könnt ihr so im Notfall nicht nur euer Leben, sondern möglicherweise auch das von jemand anderem retten. Neben dem Brand gibt es aber auch noch andere Notfälle, die euch im Alltag, in der Schule oder auch zuhause begegnen können. Gemeint sind medizinische Notfälle, also die Situationen, bei denen die menschliche Gesundheit durch Verletzungen oder Erkrankungen gefährdet wird. Verletzte und erkrankte Personen, die behandelt werden müssen, nennt man auch Patienten. Hier ein paar Beispiele eines medizinischen Notfalls:

- *Ein Mann hat sich mit einer Säge in den Unterarm geschnitten, welcher jetzt stark aus einer Wunde blutet*
- *Eine Frau liegt bewusstlos auf der Straße*
- *Ein Kind ist mit dem Fahrrad gestürzt und hat sich am Kopf verletzt*

- *Beim Grillen mit einem Gasgrill entstand eine Stichflamme, welche einem Mann schwere Verbrennungen im Gesicht zugefügt hat*

Die Maßnahmen der Ersten Hilfe beschäftigen sich damit, wie man verletzten und erkrankten Personen helfen kann, wie man Wunden versorgt und das Überleben der Betroffenen bis zum Eintreffen des Rettungsdienstes sichert.

Schon mit kleinen Handlungen könnt ihr Großes bewirken und dem Patienten das Leben retten. Als Ersthelfer könnt ihr eigentlich keine Fehler machen. Der einzige Fehler, den ihr machen könnt, wäre es nichts zu tun. Bereits mit dem Absetzen des Notrufes, wie ihr es im Kapitel „Der Notruf“ gelernt habt, könnt ihr dem Patienten wirklich helfen und das Leben retten.

Egal, ob ein Mensch sich geschnitten, eine Kopfverletzung erlitten hat oder bewusstlos ist. Scheut euch nicht, zu helfen und auf den Hilfsbedürftigen zuzugehen. Denn ihr macht den Unterschied – den Unterschied, ob dieser Mensch möglicherweise weiterleben kann oder nicht.

3.2 Die Rettungskette

Damit ihr euch immer merken könnt, wann bei einem Notfall was passieren muss, gibt es eine super Merkhilfe. Diese Merkhilfe nennt man „Die Rettungskette“. Dabei geht es nicht um eine richtige Kette aus Eisen, mit der man etwas sichern kann, sondern um Handlungen.

Handlungen, die ineinandergreifen, genauso wie Kettenglieder. Das heißt, wenn die erste Handlung nicht ausgeführt wird, kommt es nicht zur nächsten und erst recht nicht zur übernächsten.

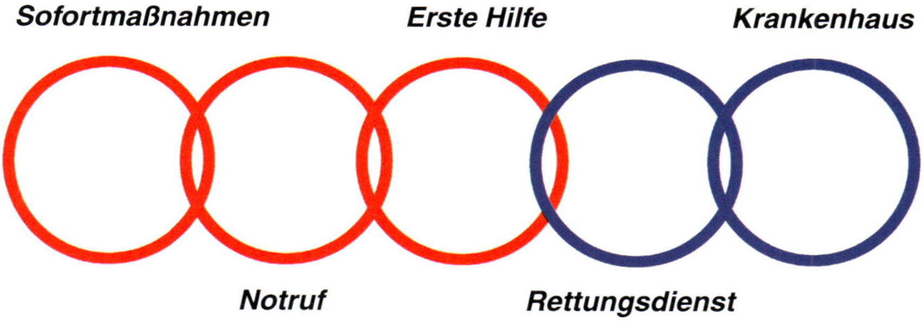

Die fünf Kettenglieder sind:

1. Sofortmaßnahmen
2. Der Notruf
3. Erste Hilfe
4. Rettungsdienst
5. Krankenhaus

Sofortmaßnahmen

Das erste und wichtigste Kettenglied heißt „Sofortmaßnahmen“. Damit sind alle Maßnahmen gemeint, welche mit dem sofortigen Erkennen oder dem Wahrnehmen von Bränden oder Notfällen verbunden sind. Als Allererstes müsst ihr euch immer fragen: „Ist die Situation für mich sicher?“

Ihr könnt anderen Menschen in einem Notfall nur dann helfen, wenn ihr euch nicht selbst in Gefahr bringt.

Das bedeutet, eine Gefahr oder Notfälle zunächst zu erkennen und mögliche Gefahren für euch und andere wahrzunehmen.

Ist eine Straße in der Nähe? Können da Autos fahren? Könnte es sich hier auch um ein Verbrechen handeln und der Täter noch in der Nähe sein? Gibt es hier gefährliche Stoffe oder Gegenstände? Wenn ihr darüber nachdenkt, ob hier eine Gefahrensituation vorliegt, ist das schon die erste Sofortmaßnahme. Auch das Verlassen eines gefährlichen Bereichs gehört dazu.

So wie ihr im letzten Kapitel gelernt habt, gibt es Bereiche, die man schnell verlassen muss. Wenn ihr einen gefährlichen Bereich verlasst, achtet auch auf andere Menschen und begebt euch schnell, aber besonnen in Sicherheit.

In manchen Gefahrensituationen könnt ihr auch selbst dazu beitragen, dass andere Menschen vor den Gefahren gewarnt werden.

Bei Unfällen im Straßenverkehr wird die Unfallstelle mit einem Warndreieck abgesichert. So werden andere Verkehrsteilnehmer frühzeitig vor der Gefahr gewarnt. Sogar bei den Profis der Feuerwehr, der Polizei und dem Rettungsdienst könnt ihr das sehen. Mit ihrem Blaulicht und den blinkenden Warnlichtern sichern sie Verkehrsunfälle und andere Gefahrensituationen, sodass Unbeteiligte frühzeitig gewarnt werden können.

Mit Warndreiecken kann man Verkehrsteilnehmer vor Gefahren warnen.

Wenn ihr mit dem Fahrrad unterwegs seid, kann es natürlich auch passieren, dass ihr zu einem Unfall kommt. Stellt euch doch mal vor, wenn ihr wie jeden Morgen mit euren Schulkameraden mit dem Fahrrad in die Schule fahrt. Als ihr an diesem Morgen an eurer Schule ankommt, seht ihr schon aus einiger Entfernung jemanden auf dem Fußweg vor eurer Schule liegen.

Als „Lebensretter" wisst ihr sofort,
Regel Nummer 1: Ruhe bewahren!

Auf dem Weg zur Unfallstelle versucht ihr euch einen „Überblick" über die Gefahr zu schaffen. Hierbei könnt ihr feststellen, dass es sich bei der Person um ein Mädchen in eurem Alter handelt. Etwas entfernt liegt ein Fahrrad. Wahrscheinlich ist sie gestürzt und hat sich dabei verletzt. Gefährlich ist, dass sie direkt hinter einer Kurve liegt und auf dem Fußweg noch andere Menschen fahren. Um andere Menschen vor der Gefahrensituation zu schützen, solltet ihr vor der Kurve durch ein Warndreieck auf die Unfallstelle aufmerksam machen.

Wenn ihr kein Warndreieck habt, könnt ihr auch einen anderen Helfer bitten, an einer bestimmten Stelle vor dem Unfall zu warnen.

Notruf

Das zweite Kettenglied ist der Notruf. Den Notruf solltet ihr erst absetzen, wenn ihr sicher seid, dass euch selbst und anderen Menschen keine Gefahr mehr droht.

Über den Notruf habt ihr ja schon viel gelernt. Hier geht es wieder darum, möglichst schnell und konkret die „5 W's" zu beantworten.

Der Notruf ist sehr wichtig! Wenn er nicht abgesetzt wird, können keine weiteren Glieder der Rettungskette hinzukommen.

Durch den Notruf ist es möglich, dass die Rettungskräfte informiert werden und sich auf den Weg zum Unfallort machen.

Wie ihr den Notruf absetzt, habt ihr im Kapitel „Der Notruf", gelernt.

Erste Hilfe

Nach dem Notruf kommt das dritte Glied der Rettungskette, die Erste Hilfe. Zur „Ersten Hilfe“ gehören alle lebensrettenden Maßnahmen, welche durch euch bis zum Eintreffen des Rettungsdienstes durchgeführt werden können.

Ihr könnt euch bestimmt vorstellen, dass die Situation für das Mädchen am Boden nicht schön ist. Mit eurer Ersten Hilfe könnt ihr jetzt aber schon helfen. Ein Pflaster oder Verband kann bei Wunden sehr hilfreich sein und gehört bald zu den Maßnahmen, die ihr nutzen werdet, um Ersthelfer zu sein.

Rettungsdienst

Nach eurer Ersten Hilfe kommt als viertes Glied der Rettungskette der Rettungsdienst, um das Mädchen weiter zu versorgen und in ein Krankenhaus zu bringen.

Der Rettungsdienst kommt mit einem Rettungstransportwagen oder anderen Rettungsfahrzeugen. Bei sehr abgelegenen Orten oder weiten Entfernungen kann es passieren, dass ein Rettungshubschrauber zur Unfallstelle kommt. In allen Rettungsfahrzeugen gibt es eine Trage, auf welcher der Patient liegen kann.

Krankenhaus

Das letzte Glied der Kette ist das Krankenhaus. Das Krankenhaus ist ein Ort, an dem man sich um die Gesundheit von Menschen kümmert. Dieser Ort ist so ein bisschen wie die Praxis eures Kinderarztes, nur viel größer. Dort gibt es sehr viele Ärzte, sehr viele Krankenschwestern und noch mehr Patienten. In einem Krankenhaus werden Patienten oft auch über mehrere Tage hinweg versorgt und müssen über Nacht dort bleiben, bis sie wieder gesund sind.

Erst wenn das verletzte Mädchen im Krankenhaus angekommen ist, ist die Rettungskette abgeschlossen und sie kann sich von ihrem Unfall erholen.

Ihr habt dabei als Lebensretter die Rettungskette aktiviert und dafür gesorgt, dass es der Patientin bald wieder gut geht!

Alles verstanden?

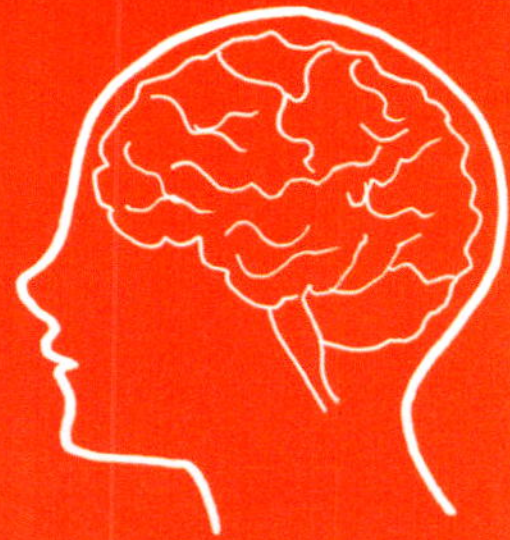

Stelle dein Wissen auf den Prüfstand!

Folgende Fragen kannst du nach Kapitel 3.2 beantworten!

1. Hier fehlt doch was! Ergänze die fehlenden Bestandteile der Rettungskette!

Sofortmaßnahmen

____

Erste ______________________

Rettungsdienst

____

2. Welche Maßnahme gehört zum Kettenglied „Sofortmaßnahmen"?

a) Den Notruf absetzen

b) Überprüfen, ob ich in Sicherheit bin, und auf mögliche Gefahren achten

c) Dem Patienten eine warme Decke überlegen

3. Ist diese Situation sicher? Könnt ihr hier Gefahren entdecken?

Die Auflösung findet
ihr auf Seite 213.

3.3 Wie man zum „HELD“ wird

Im letzten Kapitel habt ihr schon gelernt, wie die Rettungskette funktioniert und warum es so wichtig ist, diese in Gang zu bringen. Über Sofortmaßnahmen und den Notruf wisst ihr jetzt schon eine ganze Menge. Deswegen wollen wir uns nun die wichtigsten Handgriffe der Ersten Hilfe genauer anschauen.

Natürlich ist ein Notfall, bei dem jemand plötzlich sehr krank ist oder sich verletzt hat, keine schöne Situation. Vor allem nicht für denjenigen, der jetzt Hilfe braucht. Deshalb ist es wichtig, besonders viel Einfühlungsvermögen zu zeigen.

Einfühlungsvermögen bedeutet, dass man sich selbst fragen muss, wie sich der andere wohl fühlt und was man tun kann, damit es ihm besser geht. Man „fühlt also in sich hinein“ und stellt sich dabei vor, der Hilfsbedürftige zu sein.

Nehmen wir noch einmal das Beispiel mit der gestürzten Fahrradfahrerin. Stellt euch noch mal das Mädchen vor, wie sie auf dem Fußweg vor eurer Schule liegt.

Ihr seht das verletzte Mädchen am Boden liegen und bleibt kurz stehen. Dann überlegt, was passiert sein könnte.

Ganz klar! Das Mädchen liegt neben ihrem Fahrrad. Sie ist wahrscheinlich gestürzt und hat sich verletzt. Da der Unfall hinter einer Kurve stattgefunden hat, besteht eine Gefahr durch andere Radfahrer, welche die Unfallstelle nicht rechtzeitig wahrnehmen können. Daher müsst ihr die Unfallstelle zunächst absichern. Wenn ihr das gemacht habt, könnt ihr euch um das Mädchen kümmern und fragt: „Wie geht es dir? Was ist denn passiert?“

Damit ihr hier keinen Schritt vergesst, gibt es eine einfache Regel, die euch hilft. Ihr müsst euch immer nur merken, dass ihr zum **HELD** werden wollt. Jeder Buchstabe im Titel **HELD** steht dabei für eine Handlung, an die ihr denken müsst.

Hilfe rufen:

Damit einem Patienten so schnell wie möglich der Rettungsdienst zur Hilfe eilt, müssen wir diesen natürlich erst verständigen. Falls dies noch nicht geschehen ist, müsst ihr den Notruf wählen oder zumindest dafür sorgen, dass ein Erwachsener oder ein anderer Helfer den Notruf absetzt. Was genau ihr dabei beachten müsst, habt ihr im Kapitel „Der Notruf“ gelernt.

Ermutigen und beruhigen:

Die fast wichtigste Maßnahme ist in den meisten Fällen, als Helfer anwesend zu sein und euren Patienten zu betreuen. Stellt euch vor, also sagt der hilfsbedürftigen Person euren Namen. Seht dem Patienten dabei in die Augen und wendet euren Körper in seine Richtung. Informiert ihn darüber, dass weitere Hilfe bereits unterwegs ist. Somit vermittelt ihr nicht nur ein Gefühl von Sicherheit, sondern lasst die hilfsbedürftige Person auch wissen, dass sie in dieser Situation nicht alleine ist.

Lebenswichtige Funktionen kontrollieren:

Nachdem ihr die ersten beiden Punkte umgesetzt habt, gibt es noch weitere Dinge, die ihr überprüfen solltet. Genaueres hierzu erfahrt ihr im Kapitel „Vitalfunktionen“ und „Auffinden einer bewusstlosen Person“.

Decke über-/unterlegen:

Kranke und verletzte Menschen laufen meistens nicht mehr umher. Da die Körperbewegungen aber einen wichtigen Anteil dazu leisten, dass der menschliche Körper nicht zu schnell an Wärme verliert, unterkühlen diese Patienten schnell. Zusätzlich kühlen die Patienten auch schneller aus, wenn sie auf einem kalten Untergrund, wie zum Beispiel der Straße, liegen. Aus diesem Grund solltet ihr versuchen, dem Patienten Wärme zu spenden, damit er nicht friert. Die einfachste Möglichkeit ist das Überlegen einer warmen Decke. Dafür eignet sich zum Beispiel die Rettungsdecke, welche ihr in „Erste-Hilfe-Sets" finden könnt. Wenn ihr mehr als nur eine Decke zur Verfügung habt, könnt ihr nach Möglichkeit auch eine andere Decke unter den Patienten legen, damit er über dem Boden nicht so schnell auskühlt.

Wenn ihr euch entscheidet eine Person, die Hilfe braucht, zu unterstützen, und euch an die vier Punkte haltet, werdet ihr dadurch zu einem richtigen **HELD**!

H – Hilfe rufen

E – Ermutigen

L – Lebenswichtige Funktionen kontrollieren

D – Decke über-/unterlegen

Alles verstanden?

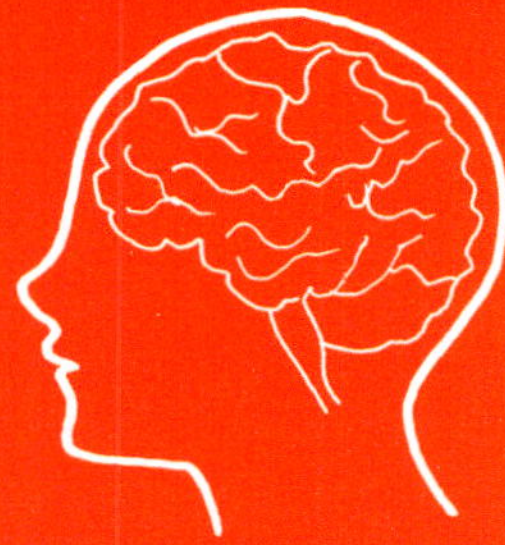

Stelle dein Wissen auf den Prüfstand!

Folgende Fragen kannst du nach Kapitel 3.3 beantworten!

1. Hier fehlt doch was! Vervollständige die fehlenden Begriffe unserer Merkregel „HELD“!

H wie Hilfe ______________________

E wie ___________________________

L wie Lebenswichtige Funktionen ________________

D wie _________________________ über-/unterlegen

3.4 Vitalfunktionen

„Wie geht es dir?“ Eigentlich eine ganz einfache Frage, die wir erst einmal mit „Gut!“ beantworten können. Aber woran liegt es, dass es uns gut geht, und was unterscheidet unseren Zustand von dem Zustand eines Notfallpatienten?

In unserem Körper laufen ganz viele lebenswichtige Prozesse ab. Viel mehr als in dieses Buch hineinpassen. Von den meisten Vorgängen merken wir gar nicht, dass sie ablaufen.

Solche Vorgänge nennt man unwillkürlich, da wir sie nicht bewusst steuern können. Wie unseren Herzschlag, wenn wir aufgeregt sind, oder unsere Atmung, wenn wir schlafen. Bei unwillkürlichen Prozessen geht es zum Beispiel um Reflexe. Wenn man sich verschluckt, muss man automatisch husten, ob man will oder nicht.

Im Gegensatz dazu gibt es Prozesse, von denen wir merken, wie sie ablaufen, und die wir sogar steuern können. Diese Abläufe nennt man dann willkürlich. Wenn wir unseren Arm bewegen wollen, fassen wir den Gedanken dazu und unser Gehirn sendet dann den Befehl an die Muskeln, die wir dazu brauchen. Dabei werden diese Befehle auf den Bahnen des willkürlichen Nervensystems versendet.

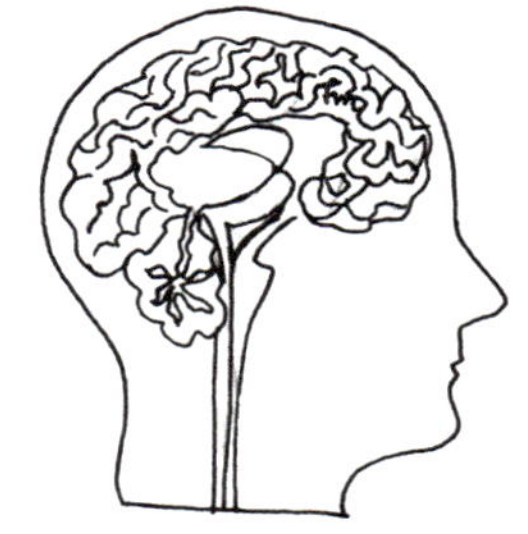

Das passiert, weil in unserem Körper ganz viele Sensoren sitzen, die Dinge wahrnehmen und Informationen ans Gehirn schicken. Also wenn die Sensoren in unserer Luftröhre merken, dass Essen verschluckt wird, senden sie diese Information an das Gehirn. Das Gehirn entscheidet dann, dass Essen auf keinen Fall in die Luftröhre gehört, und gibt den Befehl, sofort zu husten. Dieser Befehl wird auf den unwillkürlichen Nervenbahnen ganz schnell verschickt und man muss husten.

Wir merken uns:

→ Willkürliche Befehle können wir selbst beeinflussen.

→ Reflexe sind unwillkürliche Befehle und können nicht bewusst beeinflusst werden, sondern passieren einfach.

→ Schaltzentrale für alle Befehle im Körper ist immer das Gehirn, das zusammen mit dem Rückenmark unser zentrales Nervensystem bildet.

Damit macht unser Gehirn etwas ganz Wichtiges! Es macht nämlich unser „Bewusstsein“.

3.4.1 Bewusstsein

Bewusstsein bedeutet, wach zu sein, auf alle Arten von äußeren Reizen zu reagieren und alle willkürlichen Abläufe im Körper richtig steuern zu können.

Das Bewusstsein ist eine von drei Vitalfunktionen. Bestimmt fragt ihr euch jetzt: Was sind denn Vitalfunktionen?

Das Wort „vital" bedeutet, dass etwas voller Leben steckt oder überlebenswichtig ist.

Jede Zelle, jedes Organ und jedes Organsystem unseres Körpers hat spezielle Funktionen. Wenn ihr mal krank werdet, wie bei einer Erkältung, so können bestimmte Organe ihre Funktion nicht mehr wahrnehmen. Bei einer Erkältung kann das Immunsystem auf Grund von kleinen Viren oder Bakterien gestört sein. Eine Erkältung ist aber nicht gleich lebensbedrohlich.

Andere Funktionen sind aber so wichtig, dass man ohne sie gar nicht leben könnte. Und weil diese Funktionen so voll mit überlebenswichtigen Vorgängen sind, nennt man sie Vitalfunktionen.

Das Bewusstsein ist so eine lebenswichtige Funktion, weil es uns vor ganz vielen Einflüssen schützt. Zum Beispiel brauchen wir das Bewusstsein, um Gefahrensituationen zu erkennen und damit unser Überleben zu sichern.

Doch was braucht es noch zum Leben?

Es gibt einen Stoff, auf den der menschliche Körper keinesfalls verzichten kann. Kennt ihr ihn schon? Dieser Stoff ist zum Glück fast immer um uns herum. Auch wenn wir ihn nicht sehen, riechen oder schmecken können, merken wir doch, dass er da ist. Ohne diesen Stoff geht ihr nie aus dem Haus. Wisst ihr, welcher Stoff gemeint ist?

➜ Es ist der Sauerstoff!

3.4.2 Atmung

Sauerstoff ist in der Luft um uns herum. In jedem bisschen Atemluft steckt ein gewisser Anteil Sauerstoff.

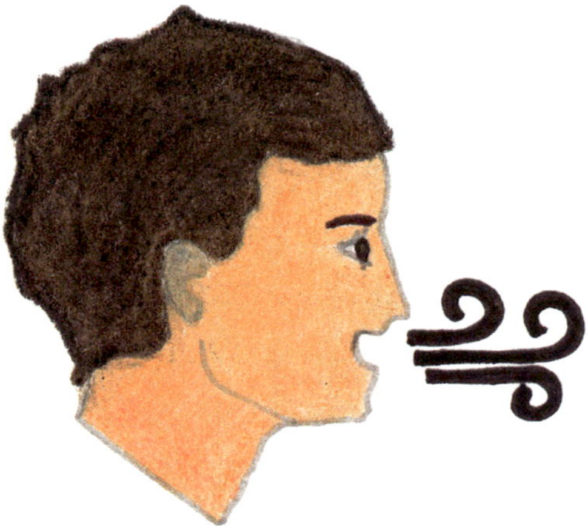

Diesen Sauerstoff atmen wir, ohne darüber nachzudenken, mehrfach in der Minute ein. Jeder Erwachsene atmet circa 12 bis 15 Mal in der Minute ein und wieder aus, ohne dass er darüber nachdenken muss. Das Atmen ist eine unwillkürliche Tätigkeit.

Wenn wir einatmen, kommt die Einatemluft durch unsere Nase und unseren Mund in unseren Rachenraum. Diese Organe gehören bereits zu unserem Atmungssystem.

Die Nase und der Rachenraum gehören zu den oberen Atmungsorganen.

Oben am Kehlkopf sitzt der Kehldeckel. Der Kehlkopf sitzt oberhalb der Luftröhre. Beim Schlucken von Essen und Trinken schließt sich der Kehldeckel. Damit rutscht die Nahrung über den Kehldeckel in die Speiseröhre. Diese befindet sich hinter der Luftröhre und transportiert unser Essen und Trinken weiter Richtung Magen. Das ist von unserem Körper eine ziemlich geniale Erfindung. Der Kehldeckel ist dazu da, beim Schlucken die Luftröhre zu verschließen. Das geht aber nur, wenn in dem Moment nicht auch noch Luft geholt wird.

Wenn die Luft an unserem Kehldeckel vorbei ist, kommt sie in die Luftröhre. Von da aus geht der Weg direkt in unsere Lunge. Die Lunge ist wie ein großer Luftballon in unserem Körper und dehnt sich aus, sobald Luft in sie hineinkommt. Genau wie ein richtiger Luftballon ist unsere Lunge auch sehr empfindlich. Damit diese nicht verletzt wird und gut geschützt ist, liegt sie hinter unseren Rippen im Brustkorb. Das merkt ihr daran, dass sich euer Brustkorb ausdehnt, wenn ihr ganz tief einatmet.

Die Lunge ist dann dafür zuständig, dass der Sauerstoff, den wir brauchen, überall in unseren Körper kommt. Im Gehirn brauchen wir Sauerstoff zum Denken. An jedem Muskel brauchen wir Sauerstoff,

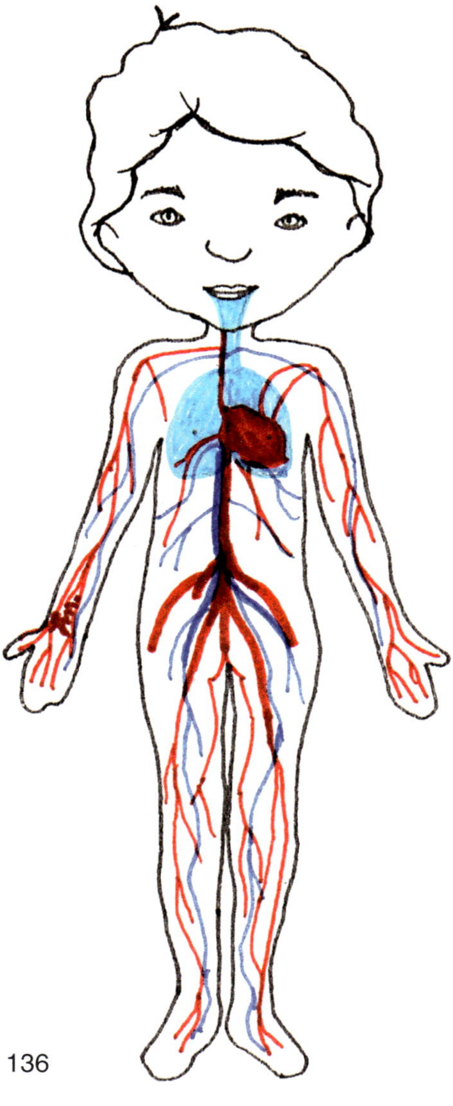

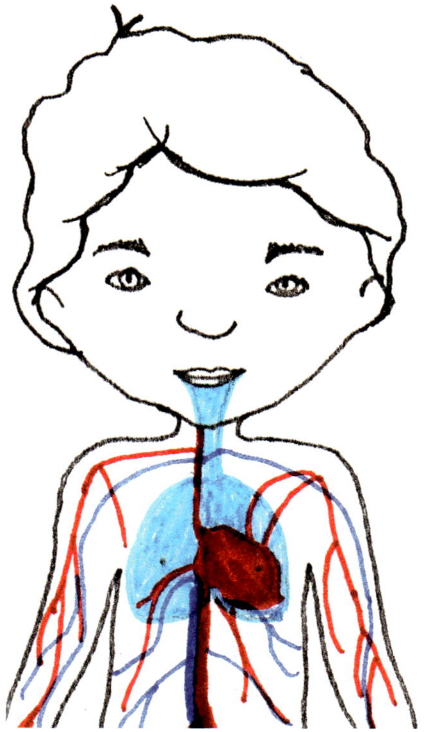

Unsere Lunge und unser Herz liegen in unserem Brustkorb. Die Lunge ist im Brustkorb blau und das Herz rot markiert. Überall sonst im Körper sind Arterien rot und Venen blau markiert.

damit wir Kraft haben, und in den Organen brauchen wir Sauerstoff, damit diese arbeiten können. Besonders wichtig ist der Sauerstoff also im Gehirn, aber auch an allen anderen Zellen, Organen und Organsystemen wird er gebraucht. Bis in die kleinsten Fußzehen muss der Sauerstoff verteilt werden. Sauerstoff ist lebenswichtig!

Damit der Sauerstoff alle Zellen unseres Körpers erreichen kann, muss er mittels unseres Kreislaufs transportiert werden.

Dafür haben wir unser Blut als Transportmittel. Das Blut fließt durch die Blutgefäße, so wie Züge, die durch Tunnel fahren. Unsere Lunge ist so etwas wie der Hauptbahnhof. Das bedeutet, dass der Sauerstoff in der Lunge aussteigen muss, um in die Blutgefäße einzusteigen. Diese führen ebenfalls an der Lunge vorbei.

Das Atmen ist damit unsere zweite Vitalfunktion, die wir brauchen, um unser Blut mit lebenswichtigem Sauerstoff zu versorgen. Wenn wir nicht mehr atmen können, kommt also kein Sauerstoff mehr ins Blut und kein Muskel und kein Organ kann mehr arbeiten.

3.4.3 Kreislauf

Jetzt muss der Sauerstoff noch in unserem Körper verteilt werden. Ihr habt schon gelernt, dass die Lunge wie ein Hauptbahnhof ist und unser Blut wie Züge.

Neben dem Blut und den Blutgefäßen gehört das Herz ebenfalls zum Kreislaufsystem.

Unser Herz funktioniert wie eine Pumpe, die die Züge antreibt. Mit jedem Herzschlag fährt ein neuer Wagen in den Bahnhof und schiebt den alten vor sich her.

Dadurch fließt das Blut in den Körper und wird durch die Blutgefäße transportiert.

Unser größtes Blutgefäß ist die **Aorta**. Diese beginnt am Herzen und verzweigt sich zu immer kleineren Blutgefäßen; die kleinsten heißen **Kapillare**. Die Aorta hat etwa einen Durchmesser wie ein 2-Euro-Stück. Die Kapillare sind wiederum so klein, dass wir sie gerade einmal mit einem Mikroskop erkennen können. Die großen Blutgefäße liegen besonders gut geschützt weit innen im Körper.

Die kleinen Blutgefäße liegen im gesamten Körper und versorgen alle Zellen bis in die kleinen Fußzehen.

Alle diese Blutgefäße, die Blut vom Herzen weg zu den Zellen transportieren, nennt man **Arterien.** Solange das Blut in den Arterien ist, hat es den Sauerstoff noch nicht abgegeben, man nennt es deshalb sauerstoffreiches Blut.

Wenn das Blut seinen Sauerstoff abgegeben hat, wird dieser von den Zellen benutzt. Sauerstoff ist der Treibstoff für alle Prozesse im Körper. Wenn die Zellen ihn verbraucht haben, bleibt aber ein Abfallprodukt zurück. Dieses Abfallprodukt heißt Kohlenstoffdioxid.

Kohlenstoffdioxid kommt genauso aus dem Körper wie der Sauerstoff in den Körper kommt, nur andersherum.

In den **Kapillaren** wird der Sauerstoff abgegeben und das Kohlenstoffdioxid aufgenommen.

Alle Blutgefäße, die Blut zurück zum Herzen transportieren, nennt man **Venen**. In ihnen ist der Sauerstoff im Blut meistens bereits verbraucht.

Je mehr unser Körper also leisten muss, desto mehr braucht er Sauerstoff und produziert daraus Kohlenstoffdioxid. Das könnt ihr ganz einfach ausprobieren, wenn ihr wollt.

Habt ihr schon mal beobachtet, was mit eurer Atmung und eurem Herzschlag passiert, wenn ihr euch beim Sport richtig verausgabt und euch besonders anstrengt?

Dann merkt ihr bestimmt, dass euer Herz viel schneller und kräftiger schlägt, um euch ausreichend mit Blut und darin enthaltenem Sauerstoff zu versorgen.

Jetzt kennt ihr auch die dritte Vitalfunktion: euren Herzschlag, den man auch Puls nennt. Weil dieser regelmäßig auftritt und dafür sorgt, dass unser Blut erst von der Lunge in die Arterien, dann in die Venen und wie im Kreis zurück in die Lunge fließt, nennt man diesen Vorgang auch den Kreislauf.

Nun kennt ihr die drei Vitalfunktionen:

- ➜ Bewusstsein
- ➜ Atmung
- ➜ Kreislauf

Die Vitalfunktionen sind lebenswichtig und zeigen uns, ob es einer Person gut geht.

Deshalb ist der wichtigste Schritt, um einen Patienten zu beurteilen und herauszufinden, was wir für ihn tun können, zu überprüfen, ob er noch alle Vitalfunktionen hat.

Alles verstanden?

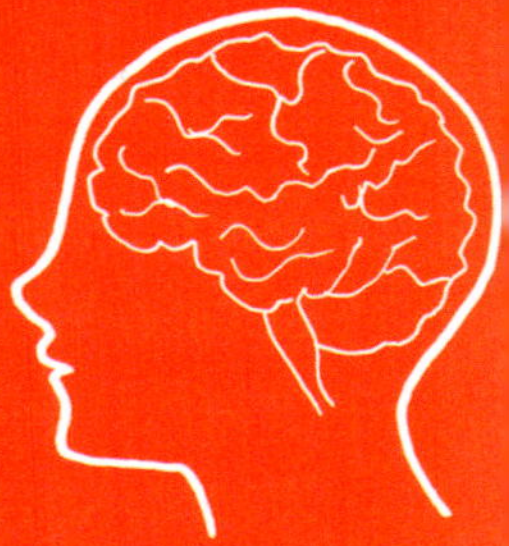

Stelle dein Wissen auf den Prüfstand!

Folgende Fragen kannst du nach Kapitel 3.4 beantworten!

1. Was sind die drei Vitalfunktionen?

a) Bewusstsein, Denken, Bewegen

b) Bewusstsein, Atmung, Kreislauf

c) Atmung, Kreislauf, Denken

2. Über welches Organ wird Sauerstoff in den Körper aufgenommen?

a) über das Herz

b) über den Brustkorb

c) über die Lunge

3. Was transportiert den Sauerstoff durch unseren Körper, ähnlich wie Züge Personen durch Tunnel transportieren?

a) Das Blut

b) Die Lunge

c) Wasser in unserer Haut

3.5 Auffinden einer bewusstlosen Person

Jetzt wo ihr schon die einzelnen Vitalfunktionen kennt, kommen wir an den Punkt, an dem es besonders wichtig ist, diese zu überprüfen.

Das Mädchen liegt auf dem Boden und rührt sich nicht. Es kann sein, dass euch in einer solchen Situation ganz schön mulmig zumute ist, trotzdem ist jetzt der Moment, zum Lebensretter zu werden!

Das Mädchen liegt bewusstlos auf dem Fußweg vor eurer Schule.

Überprüfen des Bewusstseins

Als erstes solltet ihr immer das Bewusstsein überprüfen. Das ist natürlich nur notwendig, wenn euer Patient nicht von selbst mit euch spricht. Ihr müsst euch merken, dass jeder Patient, der bei Bewusstsein ist, automatisch auch eine Atmung und einen Kreislauf hat. Das bedeutet aber nicht, dass jeder Patient ohne Bewusstsein keine Atmung mehr hat.

Um das Bewusstsein zu überprüfen, merkt euch am besten einfach dreimal den ersten Buchstaben des Alphabets!

Dreimal der Buchstabe „A"

Anschauen – Ansprechen – Anfassen

Bei der Überprüfung des Bewusstseins sind das die drei Handlungen, die ihr durchführen müsst. Am einfachsten kombinieren sich diese, indem ihr euch neben das Mädchen auf die Straße kniet. Dabei müsst ihr sie **anschauen**. Achtet darauf, ob sie jetzt eine Reaktion auf euch zeigt. Wenn nicht, macht weiter mit einem ersten **Ansprechen**.

Achtet darauf, sie möglichst laut und deutlich anzusprechen. Wenn das Mädchen immer noch keine Reaktion zeigt, unterstützt euer Ansprechen noch durch ein vorsichtiges **Anfassen**. Greift am besten mit euren Händen an die Schultern der Patientin und schüttelt sie ganz vorsichtig, während ihr sie noch einmal laut ansprecht.

Kniet euch neben das Mädchen und sprecht es an. Rüttelt an ihren Schultern und ruft laut: „Hallo, kannst du mich hören?“

Wenn eure Patientin darauf noch immer nicht reagiert, ist sie bewusstlos, und das ist gefährlich!

Wenn wir bewusstlos sind, verlieren wir alle unsere Schutzreflexe. Also Dinge, die unser Körper automatisch macht, um uns zu schützen. Blinzeln zum Beispiel ist ein Reflex, der uns davor schützt, dass Dinge an unsere empfindlichen Augäpfel kommen. Ein anderer Reflex, über den wir im vorherigen Kapitel schon gesprochen haben, ist der

Schluckreflex. Dieser hat mit unserer Zunge und dem Kehldeckel zu tun und funktioniert durch die Aktivierung von Muskeln.

Leider erschlaffen diese Muskeln, wenn wir bewusstlos sind, und sorgen dadurch sogar für Probleme. Die Muskeln in unserem Hals werden sogar so schlaff, dass sie nach hinten rutschen und den Weg der Luft in die Lunge versperren.

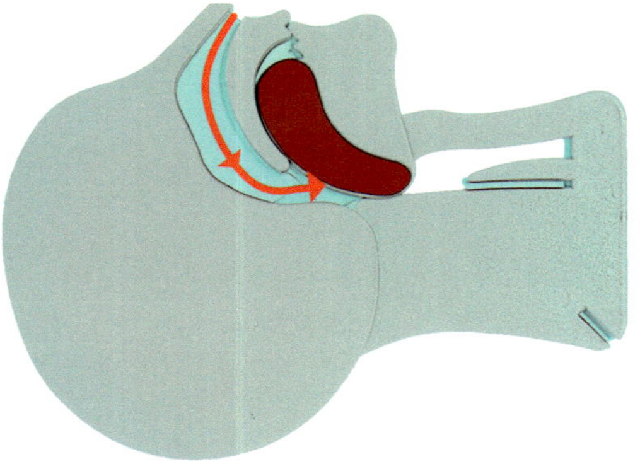

In dieser Abbildung seht ihr, wie die Zunge nach hinten rutscht und die Luftröhre verlegt. Der Patient droht zu ersticken!

Das passiert aber nur im schlimmsten Fall. Wenn die Muskulatur nur ein bisschen verrutscht, entsteht ein Geräusch, das wir alle kennen: das Schnarchen.

Wenn der Weg der Luft aber zu sehr eingeengt wird, kann es passieren, dass der Lunge nicht mehr genügend Sauerstoff zur Verfügung steht, um das Blut zu versorgen. Dann hat auch der Körper nicht mehr genug Sauerstoff und es können ernste Schäden entstehen. Um das zu verhindern, müssen wir überprüfen, dass die Patientin richtig atmet und ihre Atemwege frei bleiben!

Überprüfen der Atmung

Wenn ein Patient atmet, ist auch sein Kreislauf intakt. Im Umkehrschluss besitzt ein Patient ohne Atmung auch keinen funktionstüchtigen Kreislauf und keinen Herzschlag mehr.

Erste-Hilfe-Handschuhe schützen euch vor Krankheitserregern, an welchen der Patient möglicherweise erkrankt sein könnte. Die „Gummihandschuhe“ findet ihr in jedem Erste-Hilfe-Set. Mehr zu den Erste-Hilfe-Handschuhen erfahrt ihr im Abschnitt „Wundversorgung“.

Um die Atmung zu überprüfen, muss die Person flach auf dem Rücken liegen. Legt sie dazu vorsichtig hin, denkt

Öffnet den Mund der Patientin, indem ihr das Kinn anfasst und leicht nach unten drückt. Entfernt Fremdkörper aber nur, wenn ihr diese leicht greifen könnt.

aber immer daran, dass sie euch nicht helfen kann und ihr sie vorsichtig führen müsst, um Verletzungen zu vermeiden.

Da eure Patientin auf dem Rücken liegt, müsst ihr euch neben ihren Kopf knien. Schaut nun in den Mund der Patientin und achtet auf Dinge, die lose im Mundraum liegen. Das könnte zum Beispiel ein Kaugummi, eine Zahnspange oder ein Stück Essensrest sein.

Wenn möglich, entfernt ihr diesen Fremdkörper dann vorsichtig mit der Hand, damit er nicht weiter nach unten rutschen kann.

Denn wenn der Fremdkörper, wie zum Beispiel der Essensrest, nach unten rutscht, kann er in die Lunge gelangen und dort Schaden anrichten.

Anschließend gibt es nun einen einfachen Handgriff, um den Atemweg der Patientin frei zu machen

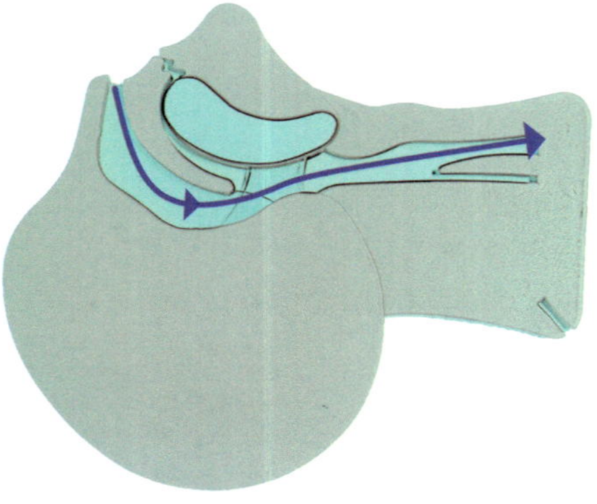

Durch das Überstrecken des Kopfes hebt sich die Zunge von der Luftröhre weg und gibt den Weg für die Atemluft frei. So kann der Patient ungehindert atmen und Luft holen.

und ihr damit die Chance zu geben, erfolgreich Luft zu holen.

Greift ihr mit einer Hand ans Kinn und mit der anderen Hand von oben an den Kopf.

Dann kippt den Kopf so nach hinten, dass das Kinn der höchste Punkt ist. Dadurch hebt sich die Zunge so weit von der Luftröhre weg, dass der Atemweg frei wird. Das nennt man „den Kopf überstrecken".

Wenn ihr jetzt die Atmung überprüfen wollt, haltet den Kopf die ganze Zeit in genau dieser Position.

Auch für die Atemkontrolle könnt ihr euch wieder drei einfache Worte merken:

1. sehen

2. hören

3. fühlen

Sehen

Die Aufgabe unserer Lunge kennt ihr ja schon aus dem Kapitel „Vitalfunktionen“ und ihr wisst, dass dort Luft ein- und ausströmt. Diese Luft sorgt auch dafür, dass sich unsere Lunge so wie ein Luftballon aufbläht und zusammenzieht. Das macht sie bei jedem einzelnen Atemzug.

Unsere Lunge sitzt in unserem Brustkorb und wird durch die Rippen geschützt. Jedes Mal, wenn sie sich durch die Atemluft ausdehnt, wird es ein bisschen zu eng im Brustkorb und sie drückt die Rippen ein wenig auseinander. Schaut doch einfach mal auf euren Brustkorb und holt tief Luft!

Genau das wollen wir uns als erstes Zeichen der Atmung bei der Atemkontrolle ansehen.

Achtet also darauf, ob der Brustkorb der Patientin sich hebt und senkt.

Hören

Die Luft, die ausgeatmet wird, können wir natürlich auch hören, wenn wir uns darauf konzentrieren und nicht zu weit vom Mund der Patientin entfernt sind.

Fühlen

Das Fühlen der Atmung ist die dritte Möglichkeit, festzustellen, ob die Atmung funktioniert. Auch hier geht es um den Ausatemstoß eurer Patientin, den ihr vielleicht fühlen könnt.

Zusammen bedeutet das, dass ihr euch mit eurem Ohr über Mund und Nase der Patientin begebt und dann von oben auf ihren Brustkorb schaut. So könnt ihr auf einmal feststellen, ob ihr die Atmung sehen, hören oder fühlen könnt.

Macht das Ganze, während ihr langsam und laut bis zehn zählt. In dieser Zeit sollte eure Patientin mindestens zweimal gut geatmet haben.

Haltet den Kopf während der Atemkontrolle die ganze Zeit überstreckt. Achtet nun 10 Sekunden darauf, ob ihr Anzeichen für die Atmung sehen, hören oder fühlen könnt.

Wenn ihr in diesen zehn Sekunden keine Anzeichen für eine Atmung feststellen könnt, hat die Patientin keine feststellbaren Vitalfunktionen mehr. Sie ist somit nicht mehr am Leben, sondern tot. Ist dies der Fall, sollte sie schnellstmöglich wiederbelebt werden. Die Grundlagen der Wiederbelebung lernt ihr im letzten Kapitel dieses Buches kennen.

Als ihr die Atmung des Mädchens auf dem Fußweg kontrolliert, bemerkt ihr einen deutlichen Ausatemstoß an eurem Ohr. Auch seht ihr, wie sich ihr Brustkorb hebt und wieder senkt, und hört ein deutliches Atemgeräusch.

Wenn ihr mindestens zwei Atemzüge feststellen könnt, ist eure Patientin erst einmal am Leben. Solange die Atmung funktioniert, ist auch die Vitalfunktion „Kreislauf“ intakt. Die größte Gefahr, die jetzt für die Patientin besteht, ist, dass sich ihr Atemweg verlegt und sie dadurch nicht mehr weiteratmen kann. Diese Gefahr können wir aber durch eine einfache Maßnahme abwenden. Diese Maßnahme lernt ihr im nächsten Kapitel und dort erfahrt ihr auch, wie es mit dem Mädchen auf dem Fußweg vor eurer Schule weitergeht.

Alles verstanden?

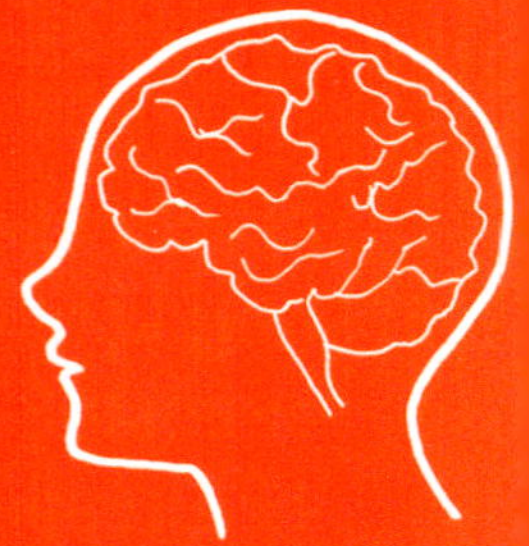

Stelle dein Wissen auf den Prüfstand!

Folgende Fragen kannst du nach Kapitel 3.5 beantworten!

1. Wie kannst du das Bewusstsein einer Person überprüfen?

a) Anschreien, anfassen, angreifen

b) Anschauen, ansprechen, anfassen

c) Angucken, anbrüllen, abhauen

2. So ein Durcheinander! Verbinde die richtigen Begriffe der Atemkontrolle miteinander!

Sehen	ob ich den Luftzug der Atmung spüren kann
Hören	ob der Brustkorb sich hebt und wieder senkt
Fühlen	ob ich ein Atemgeräusch wahrnehmen kann

3.6 Stabile Seitenlage

Nachdem ihr festgestellt habt, dass das Mädchen auf dem Fußweg bewusstlos ist, setzt ihr gleich den Notruf ab. Dann überprüft ihr die Atmung und könnt selbst erst einmal aufatmen, denn ihr habt deutlich gesehen, wie sich ihr Brustkorb hebt und senkt, und konntet die Ausatemluft an eurer Wange fühlen. Das Mädchen atmet ganz normal und hat damit zumindest noch zum Teil intakte Vitalfunktionen. Denn wer atmet, der hat auch einen Kreislauf.

Als Lebensretter seid ihr für eure Patientin verantwortlich!

Ihr habt die Aufgabe und die Pflicht, eine verletzte oder erkrankte Person, durch ihre fehlenden Schutzreflexe, vor weiteren Gefahren zu schützen.

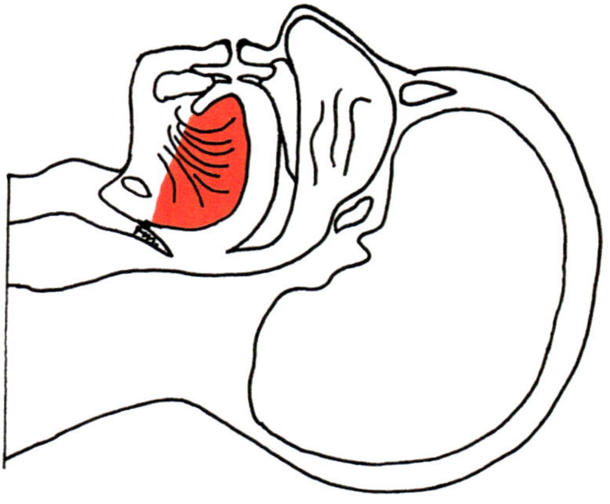

Hier seht ihr noch einmal, wie groß der Muskel der Zunge ist, der den Atemweg versperren kann.

Eine zweite Gefahr, die eurer Patientin droht, ist das Einatmen von Speichel oder Mageninhalt, der in der Lunge zu Schäden führt.

Unsere Schutzreflexe verhindern im gesunden Zustand, dass Mageninhalt in unsere Lungen gelangt.

Die lebensrettende Maßnahme, die ihr jetzt lernt, nennt sich die „stabile Seitenlage" und schützt den Patienten davor, ohne Schutzreflexe, zu ersticken.

Bei der stabilen Seitenlage liegt der Patient, wie der Name schon sagt, stabil auf der Seite!

Dabei sollte der Mund der tiefste Punkt der Atemwege sein, sodass der Speichel einfach herauslaufen kann. Der Kopf soll dabei leicht überstreckt sein, damit der Zungenmuskel nicht den Eingang zur Luftröhre verlegt und damit die Atmung behindert.

Die Arme und Beine des Patienten werden so hingelegt, dass er sich nicht auf den Bauch oder zurück auf den Rücken drehen kann, sondern stabil auf der Seite liegt.

Auf den nächsten Seiten findet ihr eine ausführliche Anleitung, wie ihr einen Patienten in die stabile Seitenlage legen könnt.

Die stabile Seitenlage muss regelmäßig mit Freunden oder euren Eltern und Geschwistern trainiert werden!

Schritt 1: Vitalfunktionen überprüfen

Wichtig ist, dass ihr immer zuerst die Vitalfunktionen überprüft und euch sicher seid, dass euer Patient atmet. Dazu müsst ihr den Patienten, so wie ihr es gelernt habt, auf den Rücken legen und euch neben ihn knien. Bei dem Mädchen auf dem Fußweg konntet ihr die Atmung bereits feststellen.

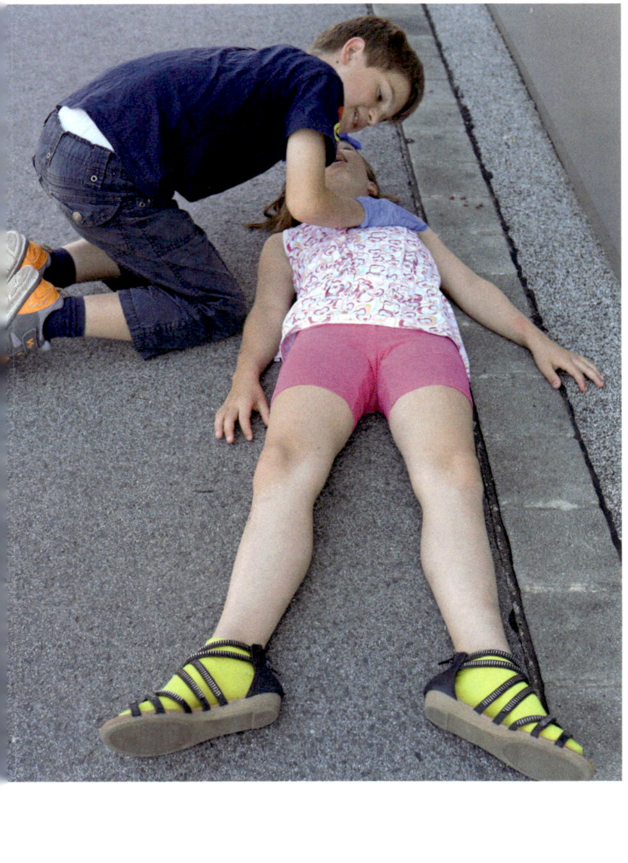

Überprüft, so wie ihr es gelernt habt, zuerst die Vitalfunktionen.

Schritt 2: Den Arm auf eurer Seite nach oben legen

Ihr nehmt euch den Arm der Patientin, der auf eurer Seite liegt und legt ihn nach oben. Der Arm soll so liegen, als würde die Patientin euch zuwinken. Der Oberarm sollte in einer Linie mit beiden Schultern liegen und der Unterarm in einer Linie mit dem Kopf.

Legt den euch zugewandten Arm im rechten Winkel nach oben.

Schritt 3: Der gegenüberliegende Arm

Als Nächstes nehmt ihr euch den gegenüberliegenden Arm und legt ihn der Patientin auf die eigene Schulter. Am Ende der stabilen Seitenlage sollte der Kopf der Patientin mit der Wange auf ihrer eigenen Hand liegen. Das gelingt aber meistens nur, wenn man nach dem Drehen auf die Seite noch ein bisschen nachhilft.

Legt den euch gegenüberliegenden Arm der Patientin auf deren euch zugewandte Schulter.

Schritt 4: Das gegenüberliegende Bein anstellen

Jetzt müsst ihr über eure Patientin hinübergreifen und das Knie auf der gegenüberliegenden Seite, auf der ihr nicht sitzt, anheben. Dazu greift ihr einfach unter das Knie und zieht es nach oben. Wenn der Fuß dann neben dem anderen Knie steht, ist das Bein hoch genug. Weil eure Patientin das Bein nicht mehr selbst in dieser Position halten kann, solltet ihr mit einer Hand das Knie festhalten.

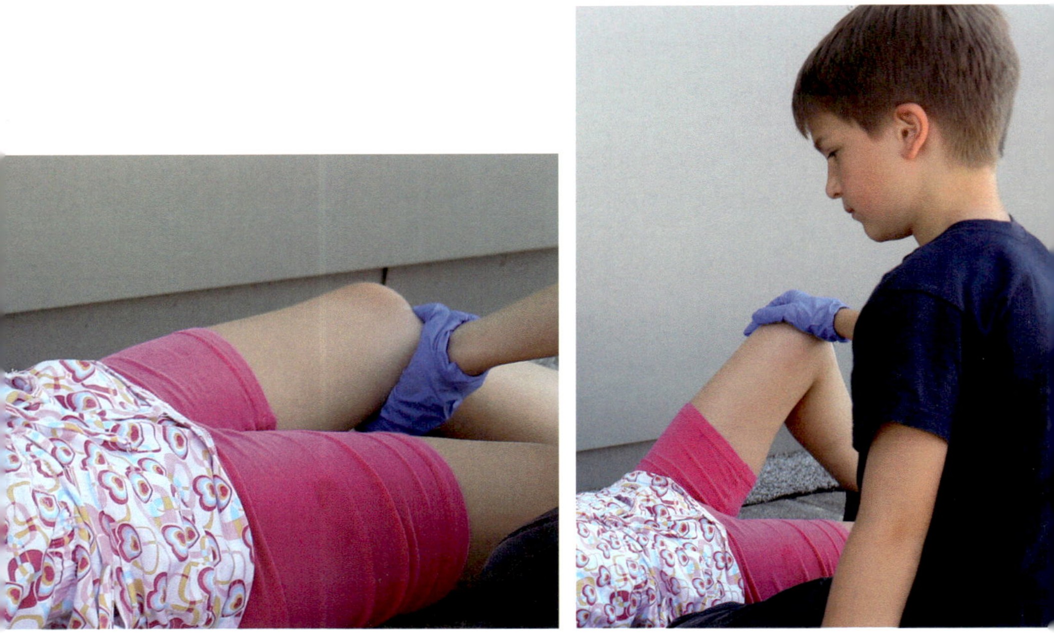

Greift unter das euch ferne Bein der Patientin und stellt es ungefähr im rechten Winkel an.

Schritt 5: Auf die Seite drehen

Mit der einen Hand haltet ihr immer noch das Knie der Patientin fest. Damit bleibt euch noch die andere Hand. Mit der Hand greift ihr die Schulter der Patientin, die weiter von euch weg liegt.

Wenn ihr jetzt das Knie vorsichtig zu euch zieht, merkt ihr schon, wie sich zuerst die Hüfte und dann der ganze Körper der Patientin langsam auf die Seite drehen. Ihr könnt auch an der Hüfte anfassen und mit eurem Unterarm das Knie mit herunterdrücken, wenn ihr die Patientin zu euch dreht. Sobald sich die Schulter bewegt, könnt ihr auch hier mit eurer zweiten Hand ziehen.

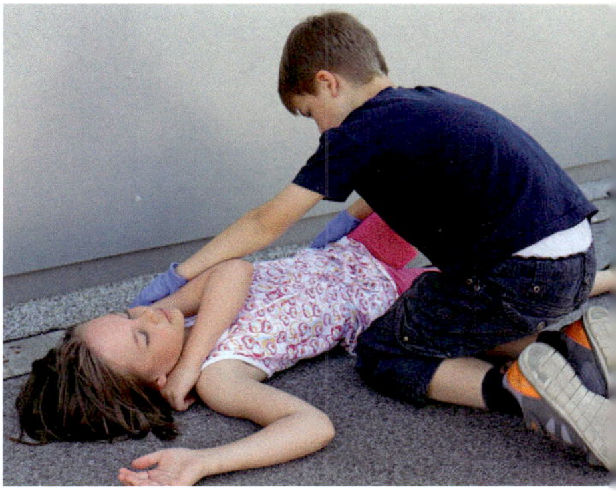

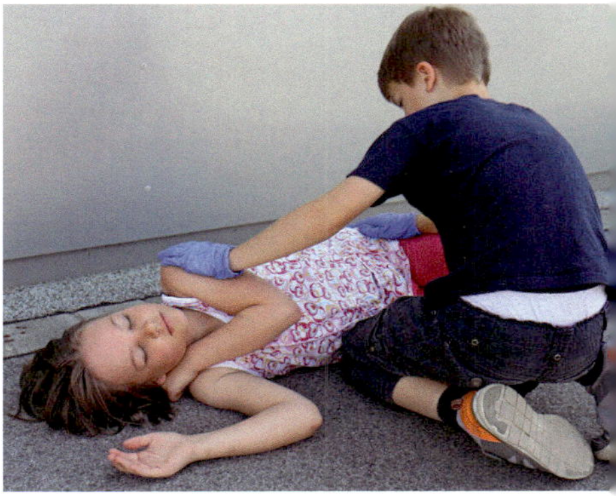

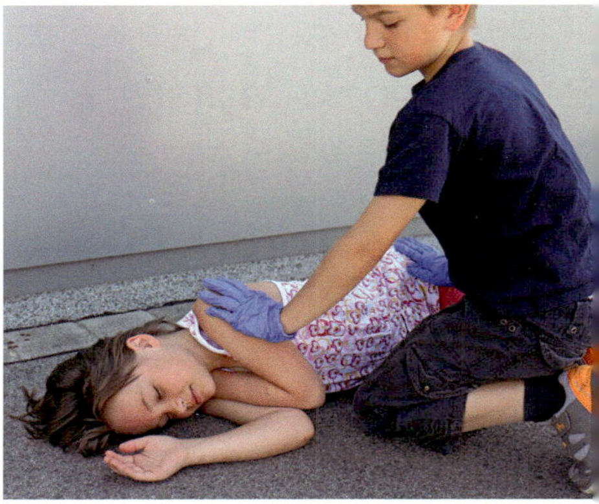

Dreht die Patientin nun auf eure Seite. Fasst dabei an ihre euch abgewandte Schulter sowie an Hüfte oder Knie an.

Schritt 6: Kopf überstrecken

Jetzt liegt das Mädchen stabil auf der Seite. Super!

Aber warum wollten wir die Patientin gleich noch mal auf die Seite drehen?

Genau, die Patientin ist bewusstlos. Das bedeutet, dass sie auch keine Schutzreflexe hat. Ihre Zunge kann ohne Schutzreflexe aufgrund der Schwerkraft bei Rückenlage nach hinten rutschen und den Eingang zur Luftröhre verlegen. Wie wir gelernt haben, wird die Atmung dadurch behindert, und das wollen wir als Lebensretter verhindern.

Damit ihr ein Zurückfallen der Zunge verhindern könnt, müsst ihr den Kopf der Patientin an der Stirn einige Zentimeter nach hinten drücken. Das nennt man auch den Kopf „überstrecken“.

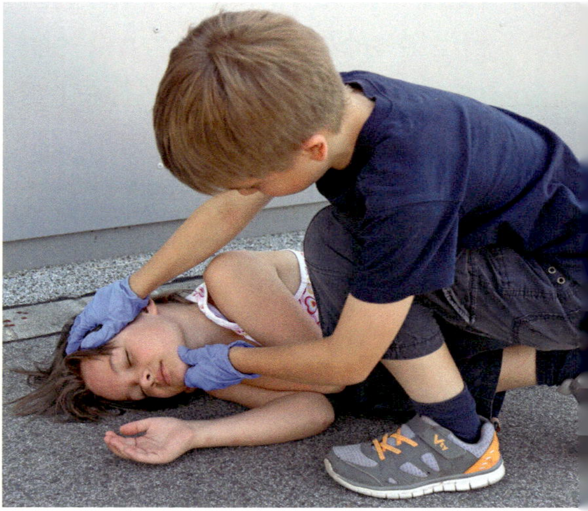

Überstreckt nun den Kopf, indem ihr die Stirn nach hinten drückt und das Kinn nach oben zieht.

Dadurch kann die Zunge den Eingang der Luftröhre nicht verlegen und die Atemwege bleiben frei!

Öffnet nun noch vorsichtig den Mund der Patientin, damit zum Beispiel deren Speichel besser abfließen kann und nicht in die Lunge läuft, denn ein bewusstloser Patient ohne Schutzreflexe kann ja auch nicht husten, wenn etwas in seine Luftröhre gelangt.

Darum solltet ihr auch darauf achten, dass der Mund der tiefste Punkt ist, somit können alle Flüssigkeiten ungestört ablaufen. Der Mund soll also nach unten zeigen.

Öffnet nun noch den Mund der Patientin, damit zum Beispiel Speichel einfach abfließen kann und nicht in die Lunge gelangt.

Unterpolstert abschließend den Kopf der Patientin mit ihrer Hand.

Dazu legt ihr einfach die Hand, die vorher auf ihrer Schulter lag, unter den Kopf der Patientin.

Wenn ihr die Patientin so hingelegt habt, könnt ihr sie noch mit einer Decke oder Jacke zudecken. Wenn die Patientin auf dem Boden liegt, ohne sich zu bewegen, ist die Gefahr groß, dass die Patientin schnell unterkühlt.

Als Lebensretter müsst ihr die verletzte oder erkrankte Person regelmäßig überwachen.

Bis der Rettungsdienst eintrifft, müsst ihr regelmäßig überprüfen, ob sich der Zustand der Patientin verändert. Es kann jederzeit passieren, dass sie wach wird und ihr sie betreuen müsst oder dass die Atmung sich verändert.

Durch die Überprüfung der Vitalfunktionen und die stabile Seitenlage habt ihr dem Mädchen das Leben gerettet. Ohne eure Hilfe wäre ein Überleben nicht möglich gewesen, aber jetzt geht es ihr zum Glück wieder gut.

Hier seht ihr die fertige stabile Seitenlage.

Alles verstanden?

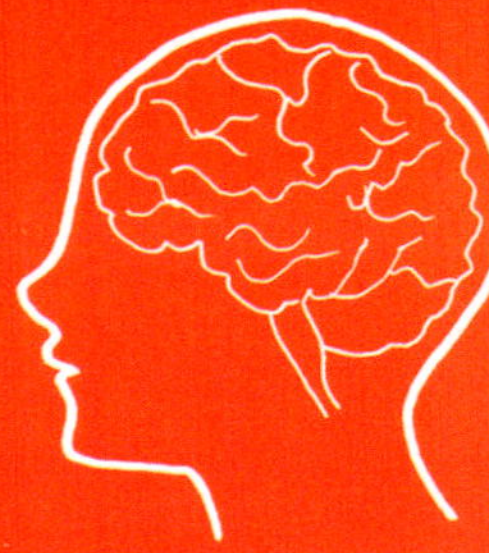

Stelle dein Wissen auf den Prüfstand!

Folgende Fragen kannst du nach Kapitel 3.6 beantworten!

1. Welchem Zweck dient die stabile Seitenlage?

a) Sie verhindert, dass der Patient an seiner eigenen Zunge erstickt

b) Sie lindert Schmerzen

c) Sie ist besonders bequem für Patienten mit Rückenschmerzen

2. Was ist der erste und wichtigste Schritt der stabilen Seitenlage?

a) Einen Arm anwinkeln

b) Den Kopf überstrecken

c) Überprüfung der Vitalfunktionen

3. Was kann einem bewusstlosen Patienten gefährlich werden?

a) Die Zunge, die den Eingang zur Luftröhre versperrt

b) Speichel und Erbrochenes, das in die Lunge fließt

c) Antwort a und b sind richtig

3.7 Wundversorgung

3.7.1 Der Druckverband

Jetzt wisst ihr ja schon ganz schön viel über das Auffinden von Patienten und die lebensrettenden Sofortmaßnahmen. Darüber hinaus gibt es aber auch noch die klassischen Maßnahmen der Ersten Hilfe.

Ich möchte euch noch mal zu einem kleinen Gedankenspiel einladen. Nachdem ihr dem Mädchen vor eurer Schule geholfen habt und diese vom Rettungsdienst ins Krankenhaus gebracht wurde, betretet ihr nun das Schulgebäude. Oh weh, es ist ja schon 8.15 Uhr! Der Unterricht hat bereits begonnen. Jetzt aber schnell! Ihr lauft zu eurem Klassenzimmer und setzt euch auf euren Platz.

Während der Lehrer einige Arbeiten mit der Laubsäge vorführt, packt ihr eure Tasche aus. Plötzlich hört ihr einen Aufschrei! „Aua, verflixt!“, ruft euer Lehrer. Als ihr nach vorne blickt, erkennt ihr, dass der Lehrer sich in den Unterarm geschnitten hat. Aus einer tiefen Wunde läuft hellrotes Blut.

Jetzt ist eure Hilfe gefragt!

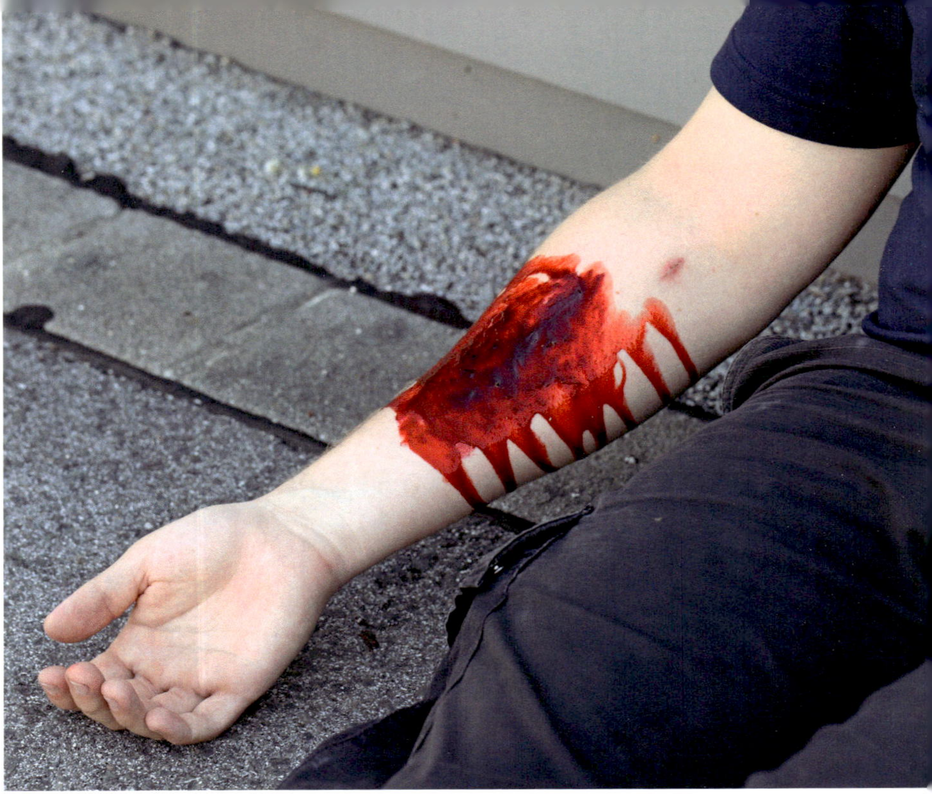

Nach einer Schnittverletzung blutet euer Lehrer am Unterarm.

Was ist jetzt zu tun?

Natürlich prüft ihr erst einmal die Vitalfunktionen, merkt aber schnell, dass euer Lehrer immer noch wach ist. Wenn er wach ist, funktionieren auch die anderen Vitalfunktionen, also sind Atmung und Kreislauf intakt. Trotzdem stimmt etwas nicht. Die Verletzung hat dazu geführt, dass er unter Schock steht und deshalb dringend auf eure Hilfe angewiesen ist.

Also kommt jetzt was zuerst?

Natürlich kommt zuallererst der Notruf!

Ihr gebt dem Disponenten der Rettungsleitstelle alle wichtigen Fakten durch und wartet auf Rückfragen. Er sagt euch, dass es zehn Minuten dauern wird, bis die Kollegen mit dem Rettungswagen bei euch eintreffen.

Zehn Minuten, die ganz schön lange werden können. Um diese Zeit sinnvoll nutzen zu können, braucht ihr klassische Maßnahmen der Ersten Hilfe. Mit diesen könnt ihr in diesen zehn Minuten schon viel Gutes für euren Patienten tun.

Im letzten Kapitel habt ihr ja schon gelernt, warum das Blut so wichtig für unseren Körper ist. Der Vorrat an Blut in unserem Körper ist begrenzt und deshalb ist es sehr wichtig, Blutungen so schnell wie möglich zu stoppen. Weil Blutungen immer aus Wunden kommen, spricht man hierbei von Wundversorgung.

Eine Möglichkeit der Wundversorgung, die sich besonders gut für starke Blutungen eignet, ist der Druckverband.

Wisst ihr jedoch, was die einfachste Art einer Wundversorgung ist? Die kleine, aber super hilfreiche Maßnahme, die wir alle kennen, die angewendet wird, wenn wir uns in den Finger geschnitten haben?

Das „Pflaster“! Oder wie es bei Lebensrettern heißt, der Wundschnellverband!

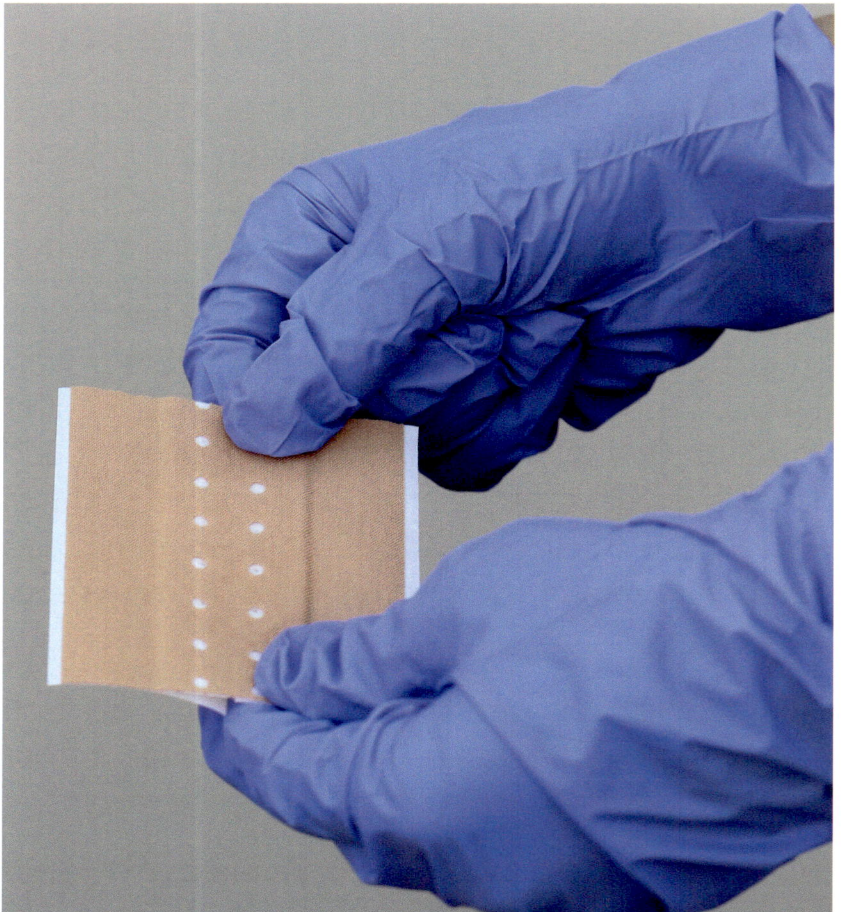

Dieses Pflaster (eigentlich Wundschnellverband) besteht aus einer Wundauflage sowie einer Klebefläche.

Jeder Verband, auch der Druckverband, besteht aus mindestens zwei Komponenten, der Wundauflage und einer Fixierung.

Die Wundauflage ist besonders sauber und schützt die Wunde vor Schmutz und Keimen von außen, damit es nicht zu einer Entzündung kommen kann. Darum achtet bitte immer darauf, weder die Wunde noch die saubere Wundauflage unnötig anzufassen oder zu verunreinigen. Damit die Wundauflage da bleibt, wo sie hingehört, braucht es immer noch etwas zur Fixierung. Bei einem Wundschnellverband sind das die Klebestreifen auf beiden Seiten.

Die Besonderheit des Druckverbandes besteht darin, dass zusätzlich in den Verband ein Gegenstand eingearbeitet wird, um den Druck auf die Wunde zu erhöhen und dadurch die Blutung zu stoppen. Das nennt man ein „Druckpolster“.

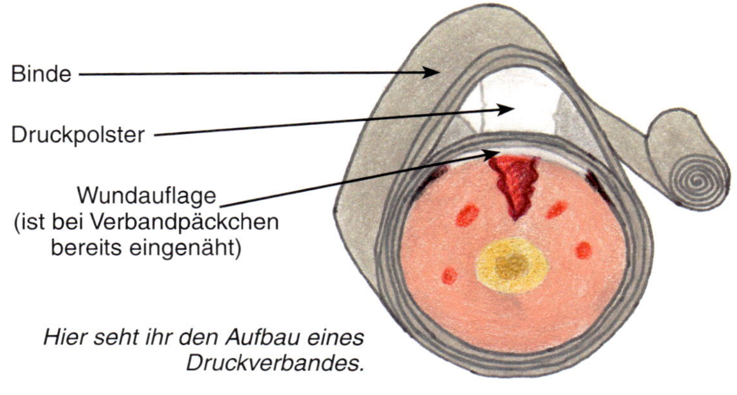

Hier seht ihr den Aufbau eines Druckverbandes.

Ein „Druckpolster“ kann eigentlich alles sein, das klein genug ist, um in einen Verband eingewickelt zu werden, um auf die Wunde unter dem Verband Druck ausüben zu können.

Wenn ihr ein Erste-Hilfe-Set zur Verfügung habt, könnt ihr darin viele geeignete Dinge finden. Unter anderem die Schutzhandschuhe, Binden, Verbandpäckchen oder auch Wundauflagen.

Um einen guten Druckverband zu binden, braucht ihr zunächst einmal ein Verbandpäckchen. Das ist, wie der Name schon sagt, ein bereits zusammengepackter Verband. In diesem Verband ist auch schon die Wundauflage eingenäht.

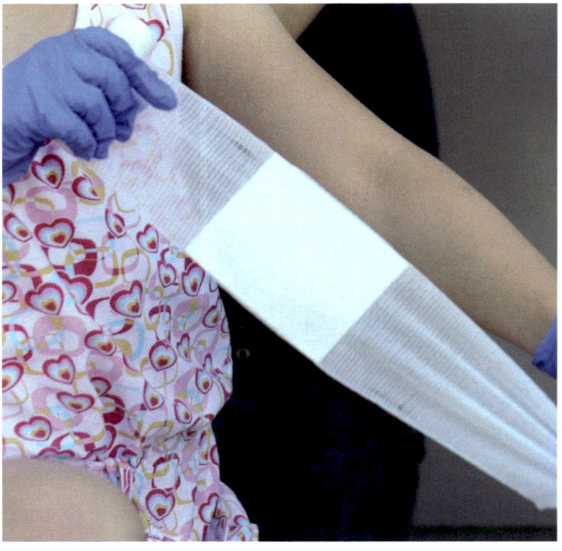

Ein Verbandpäckchen ist ein Verband, in welchen die Wundauflage bereits eingenäht ist.

Es ist immer nützlich, wenn ihr ein Erste-Hilfe-Set zur Verfügung habt. In eurer Schule gibt es auch einen Verbandkasten.

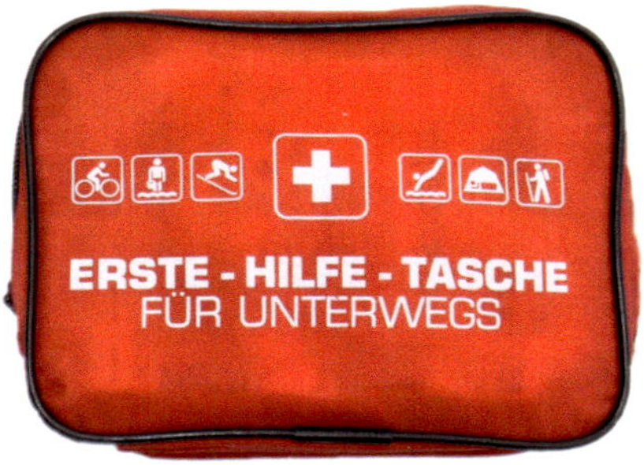

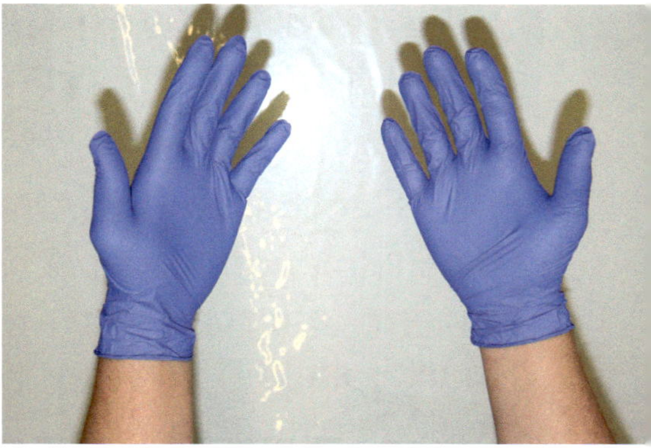

Erste-Hilfe-Handschuhe gibt es in verschiedenen Größen und Farben (rechts). Diese findet ihr zum Beispiel in einem Erste-Hilfe-Set (links).

Aus diesem Erste-Hilfe-Set müsst ihr als Erstes eure Erste-Hilfe-Handschuhe heraussuchen und anziehen!

Generell ist Blut zwar nicht gefährlich, es kann aber Keime und Bakterien enthalten, die durchaus gefährlich werden können. Davor können euch die Erste-Hilfe-Handschuhe schützen und deswegen findet ihr diese in jedem Erste-Hilfe-Set! Natürlich auch im Verbandkasten im Auto eurer Eltern.

Das solltet ihr einmal kontrollieren!

Nachdem ihr die Erste-Hilfe-Handschuhe angezogen habt, hebt ihr den verletzten Arm nach oben.

Bereits das Hochhalten des Armes wird den Blutverlust verlangsamen. Das kann auch ein weiterer Helfer machen, wie zum Beispiel euer Klassenkamerad, der euch und eurem Lehrer zur Hilfe eilt.

Das Hochhalten des Armes ist sehr wichtig, denn die Blutmenge im menschlichen Körper ist begrenzt. Einem erwachsenen Mann stehen ungefähr 7 Liter Blut zur Verfügung. Das ist fast ein ganzer Wassereimer voll! Frauen und Kinder haben deutlich weniger Blut, weil sie meistens leichter und kleiner sind.

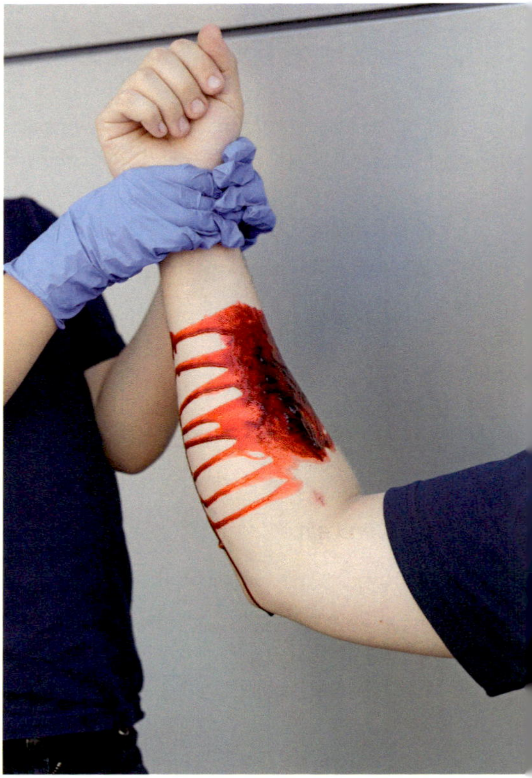

Das Hochhalten des Armes hilft bereits, den Blutfluss aus der Wunde zu verringern.

Wie wir bereits wissen, wird das Blut zum Erhalt der Vitalfunktionen und zum Verteilen von Sauerstoff dringend gebraucht.

Deswegen ist es sehr gefährlich, wenn wir zu viel Blut verlieren.

Beim Anlegen der Wundkompresse müsst ihr genau schauen, wo die Verletzung ist. Manchmal ist es schwierig, die Wunde aufgrund der Blutung zu erkennen.

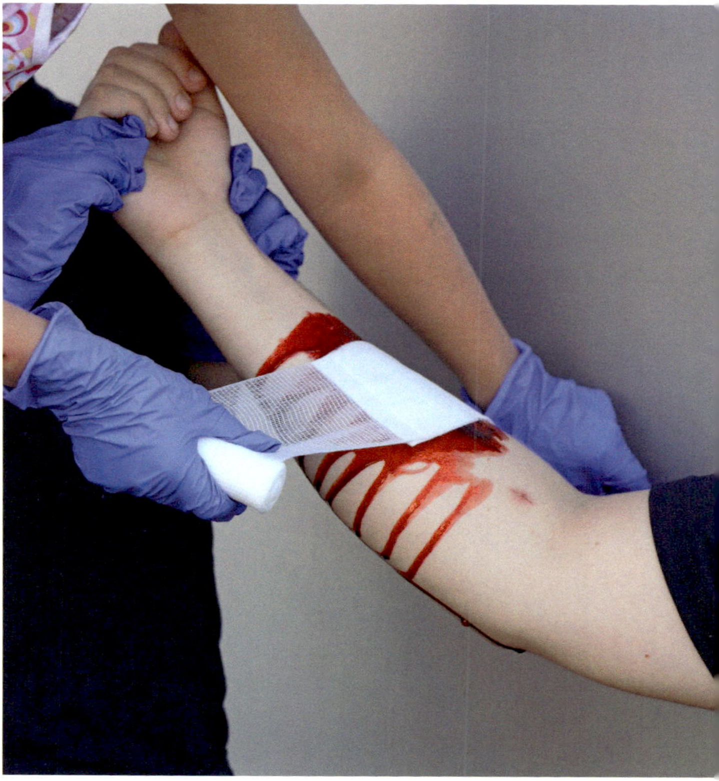

Während ein Klassenkamerad den Arm des Lehrers nach oben hält, packt ihr vorsichtig das Verbandpäckchen aus. Legt dieses mit der Wundauflage zuerst auf die Schnittverletzung.

Da die Wundkompresse bei einem Verbandpäckchen schon eingenäht ist, könnt ihr jetzt anfangen, den Verband um den Arm zu wickeln. Dabei müsst ihr ein wenig „Zug aufbauen“, aber nie aufhören den Anfang des Verbands festzuhalten.

Dann wird das ein guter Druckverband, der kräftig auf die Wunde drückt.

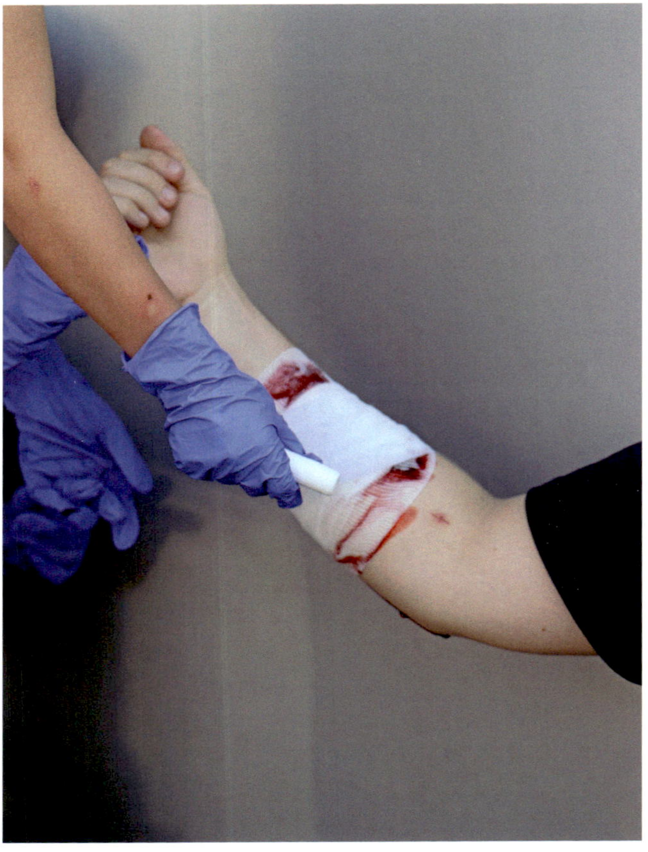

Wickelt nun ein paar Runden der Binde um den Arm.

Nach den ersten zwei oder drei Runden um den Arm müsst ihr das Druckpolster einsetzen. Das Druckpolster sorgt für Druck auf die Wunde und bewirkt somit, dass die Wunde aufhört zu bluten.

Als Druckpolster könnt ihr einfach einen zweiten noch eingepackten Verband aus dem Erste-Hilfe-Set nehmen und mit der Verpackung auf die Wundauflage legen.

Jetzt muss nur noch das Druckpolster eingewickelt werden, bis der Verband fast aufgebraucht ist.

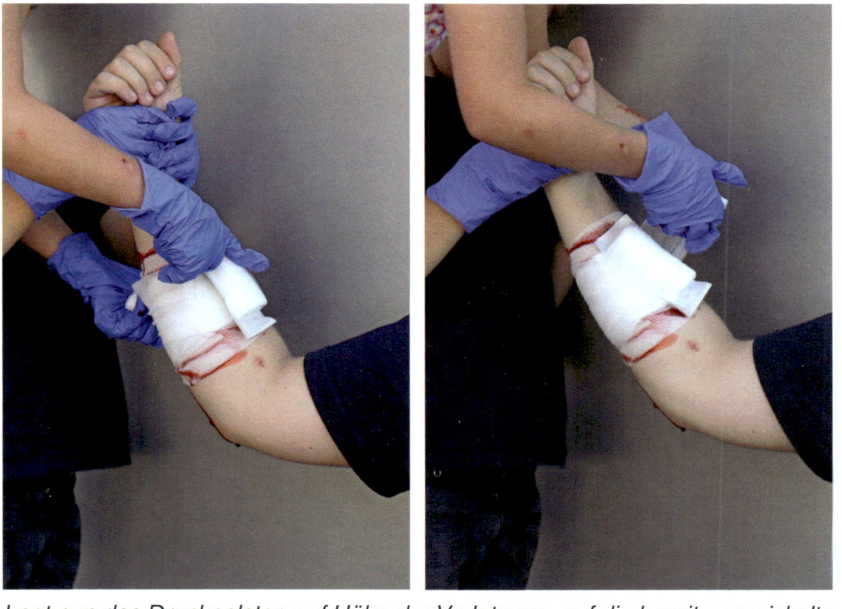

Legt nun das Druckpolster, auf Höhe der Verletzung, auf die bereits umwickelte Binde. Nun wickelt ihr die Binde weiter straff um das Druckpolster und erzeugt somit Druck auf die Wunde.

Wenn ihr feststellt, dass der Verband fast ganz abgewickelt ist, müsst ihr anfangen, an einen abschließenden Knoten zu denken.

Dafür wickelt ihr das letzte Stück des Verbandstoffs ab und legt es gegen die Wickelrichtung einmal um den Arm herum. So habt ihr ein Stück Verbandstoff und das Stück, an dem ihr angefangen habt, die Richtung zu ändern.

Aus diesen beiden Enden könnt ihr jetzt einen einfachen Knoten machen, sodass der Verband nicht mehr aufgehen kann.

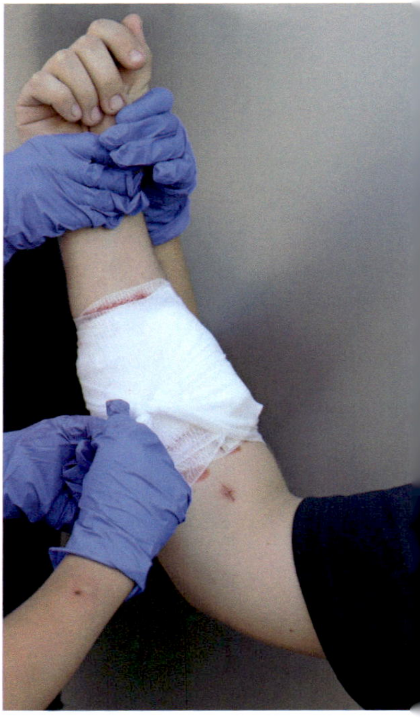

Um den Knoten zu binden gibt es mehrere Möglichkeiten. Probiert das beim Üben einfach mal aus.

Wenn die Wunde verbunden ist, müsst ihr auch diese regelmäßig kontrollieren. Als Lebensretter bleibt ihr bei der verletzten Person, bis die Rettungskräfte eintreffen.

Bindet zum Abschluss einen Knoten, damit sich die Binde nicht wieder lösen kann.

Diese wichtige Erste-Hilfe-Maßnahme kann im Ernstfall wirklich Leben retten.

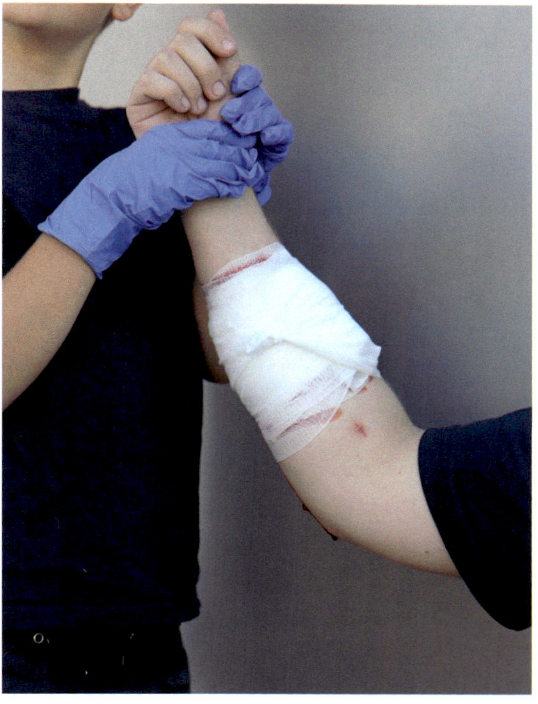

So sieht der fertige Druckverband aus.

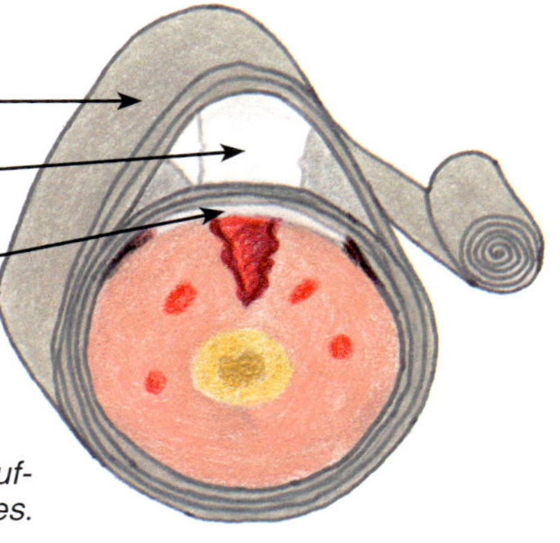

Hier seht ihr noch mal den Aufbau eines Druckverbandes.

3.7.2 Wundschnellverband (Pflaster)

Jetzt wo ihr den Druckverband schon kennengelernt habt, wollt ihr als Lebensretter bestimmt noch mehr über Verbände lernen.

Auf den nächsten Seiten findet ihr Anleitungen zu den wichtigsten Wundversorgungen. Die häufigsten Wunden kommen an Händen und Armen vor, da diese am meisten mit unserer Umwelt in Kontakt kommen und daher leicht verletzt werden können.

Bei allen blutenden und offenen Wunden ist es wichtig, als Lebensretter Erste-Hilfe-Handschuhe zu tragen, um sich vor Blut und anderen Keimen zu schützen.

Wenn ihr eure Erste-Hilfe-Handschuhe angezogen habt, müsst ihr euch immer einen Überblick über die Wunde verschaffen.

Am besten geht das, wenn ihr die verletzte Person zuvor in eine bequeme Lage gebracht habt. Dazu könnt ihr sie einfach auf den Boden setzen.

Wir schauen uns zuerst den Wundschnellverband für Verletzungen am Finger an.

Dieses Mädchen ist mit dem Fahrrad gestürzt und hat sich am Finger verletzt.

Wenn euer Patient bequem sitzt, solltet ihr ihn bitten, euch seine Hand entgegenzustrecken.

Am besten so, dass die Hand dabei ein bisschen hochgehalten wird, denn dadurch wird die Blutung schwächer.

Zunächst müsst ihr euch für ein geeignetes Verbandmittel entscheiden. Bei kleinen Verletzungen am Finger ist der Wundschnellverband die richtige Wahl.

Wenn ihr in eurem Erste-Hilfe-Set Pflasterrollen zum Selbst-Zuschneiden habt, sollte das Pflasterstück so lang wie der betroffene Finger sein.

Aber keine Angst, es wird nicht der ganze Finger „eingepflastert“.

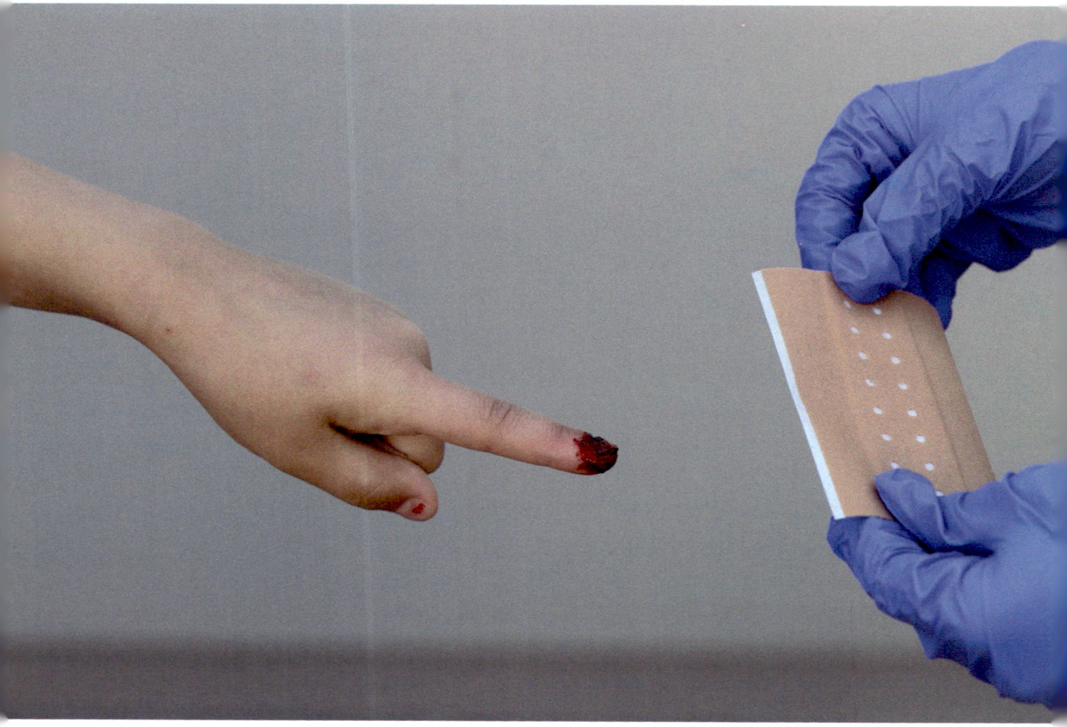

Diese Fingerverletzung könnt ihr wunderbar mit einem Wundschnellverband versorgen.

Also messt euer Pflaster neben dem Finger ab und kürzt es, wenn nötig, mit der Pflasterschere.

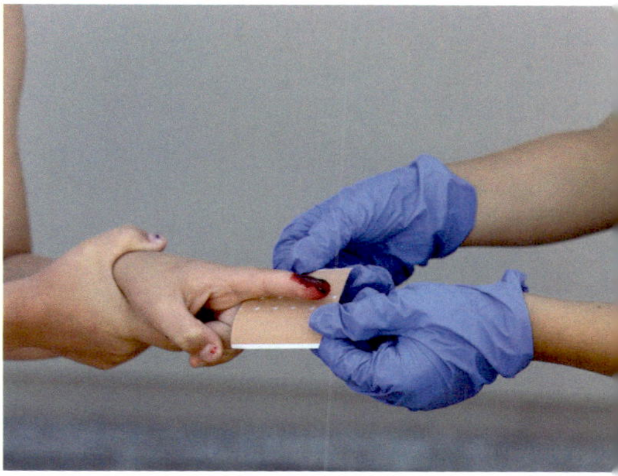

Jetzt hat euer Pflaster schon die richtige Länge, aber noch nicht die richtige Form.

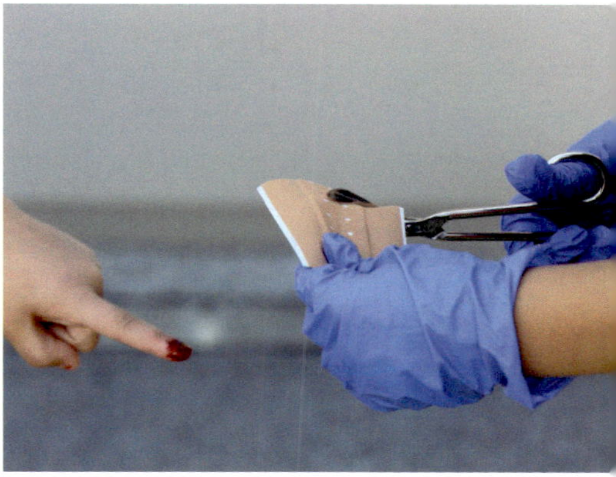

Dafür müsst ihr euer Pflaster einmal in der Mitte falten und entlang der Faltkante die beiden „neuen" Ecken abschneiden.

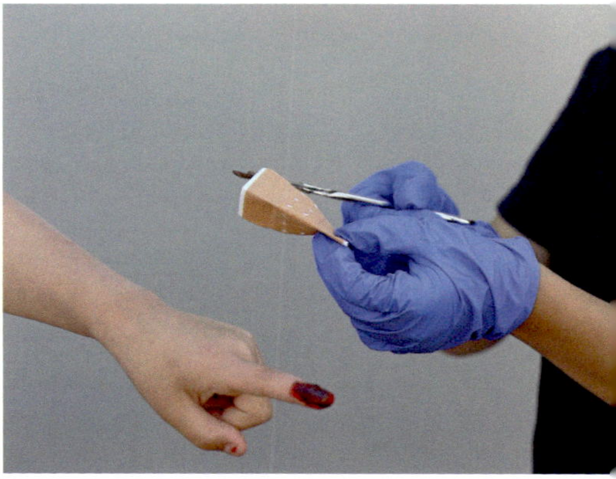

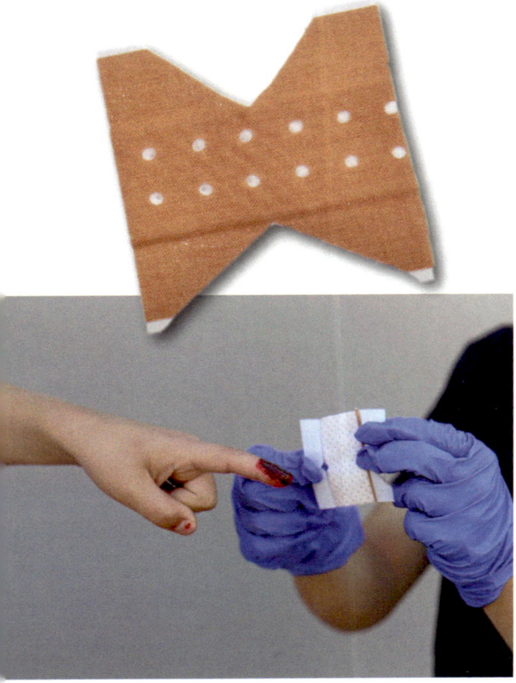

Wenn ihr das gemacht habt, sieht euer Pflaster aus wie eine große Anzugfliege. Jetzt könnt ihr euch daranmachen, die Schutzstreifen abzuziehen, um die Klebestreifen vorzubereiten.

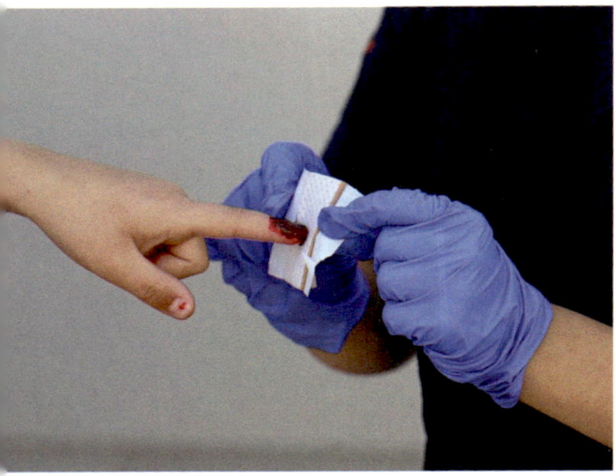

Erst die Wundauflage vorsichtig auf die Wunde legen und dann Hälfte für Hälfte die vier Klebestreifen festdrücken. Schon habt ihr einen perfekten Wundschnellverband für einen Finger angebracht. Die Blutung ist gestoppt und die Wunde vor weiteren Verunreinigungen geschützt.

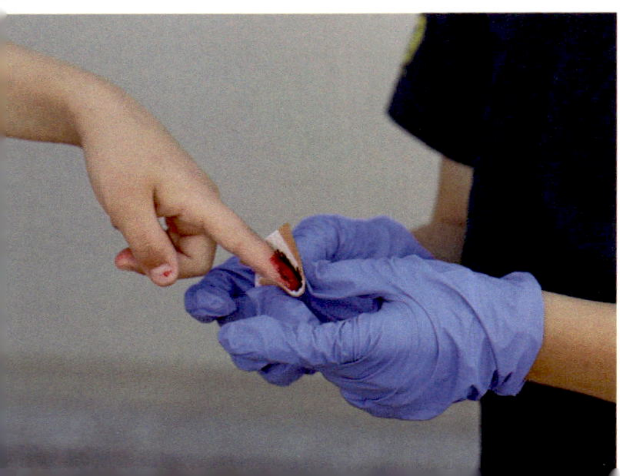

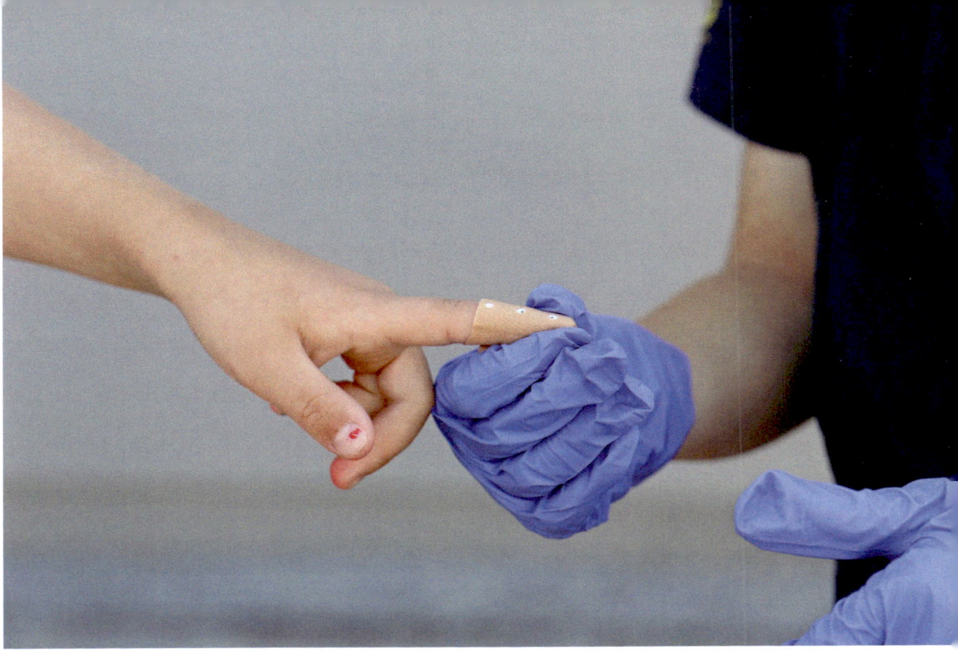

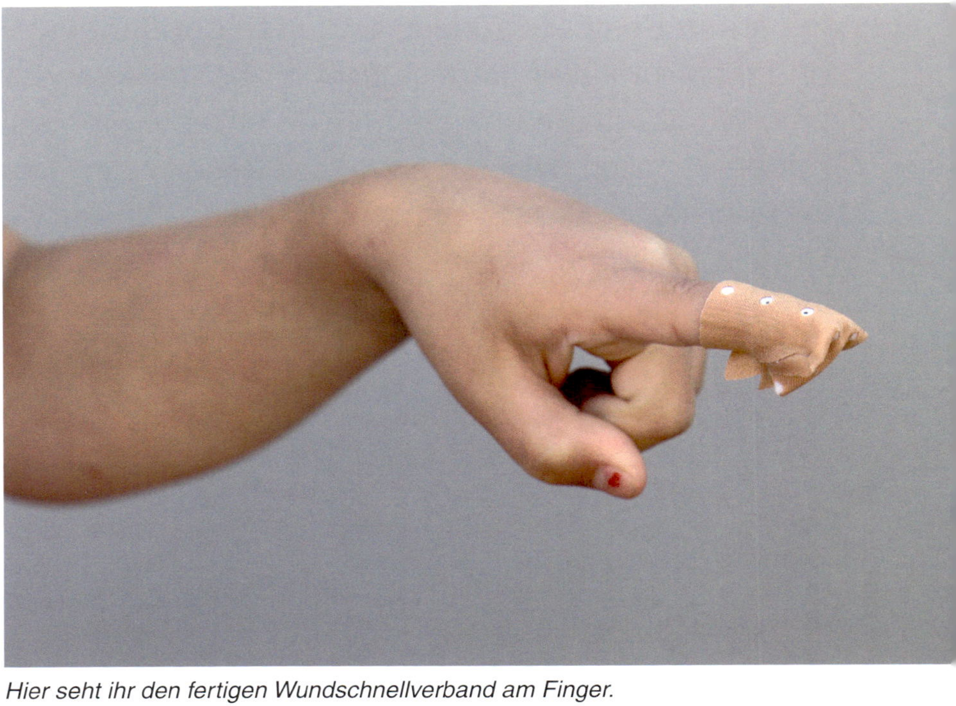

Hier seht ihr den fertigen Wundschnellverband am Finger.

3.7.3 Fingerverband

Falls ihr es mal mit einer besonders stark blutenden Wunde an einem Finger zu tun bekommt, kann es sein, dass ein Wundschnellverband nicht mehr ausreichend ist. Genau für diesen Fall gibt es auch noch die Möglichkeit eines Fingerverbands. Dieser funktioniert so ähnlich wie der Handverband, den ihr noch kennenlernen werdet.

Wie immer fangt ihr damit an, euch mithilfe von Handschuhen zu schützen, und bringt euren Patienten in Position, sodass er gut zu behandeln ist und nicht umfallen kann. Dann braucht ihr wieder eine Wundauflage und die Mithilfe eures Patienten. Für gewöhnlich haben die Wundauflagen eine Größe, die mehr als ausreichend für einen Finger ist. Um sie trotzdem sinnvoll nutzen zu können, könnt ihr sie ein bisschen um den Finger wickeln.

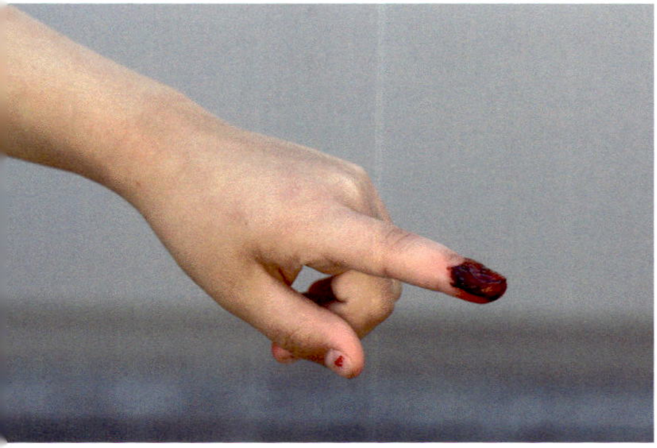

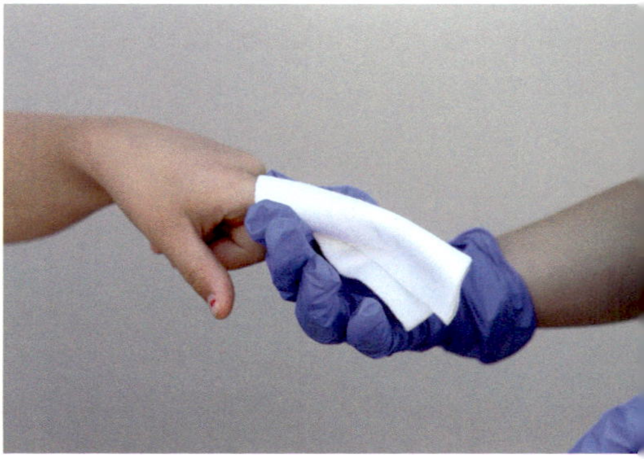

Wenn sie dabei über die Fingerspitze hinausragt, ist das nicht schlimm. Die Wundauflage muss die verletzte Person festhalten, bis ihr so weit seid.

Anschließend wird die Fixierbinde um das Handgelenk gewickelt. Der Weg führt vom Handgelenk kreuzförmig über die Hand der verletzten Person bis zur eigentlichen Wunde.

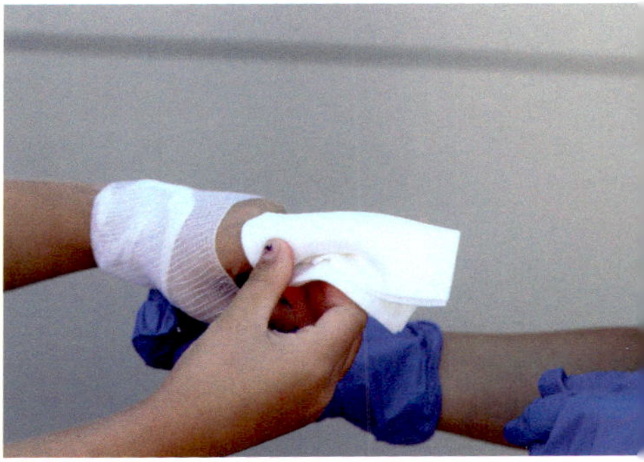

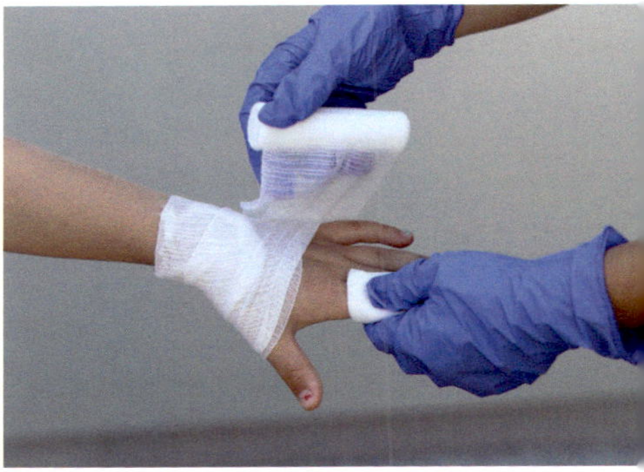

Wenn ihr am Finger ankommt, wickelt ihr mit der Fixierbinde rings um die Wundauflage, bis ihr diese ganz eingewickelt habt.

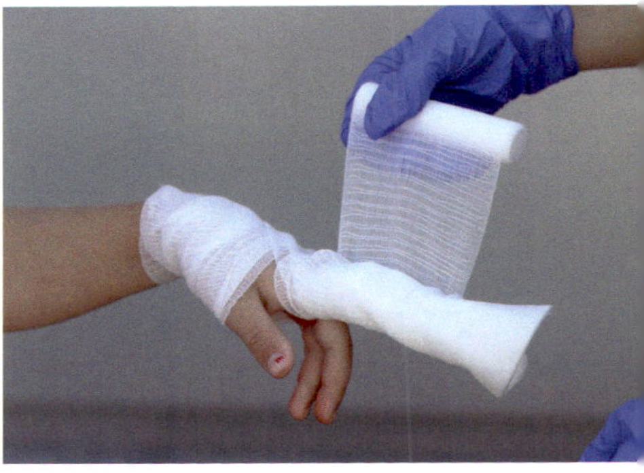

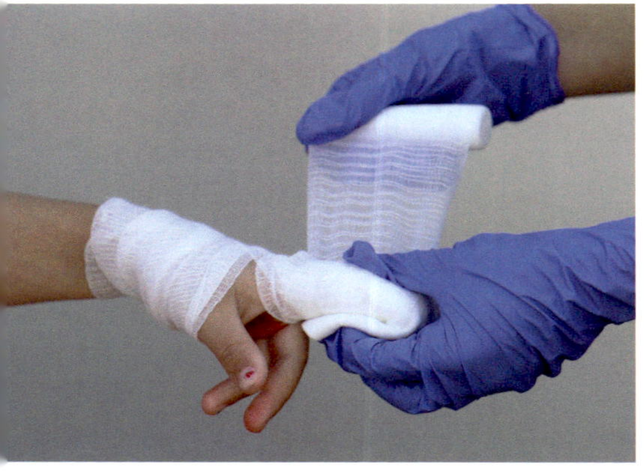

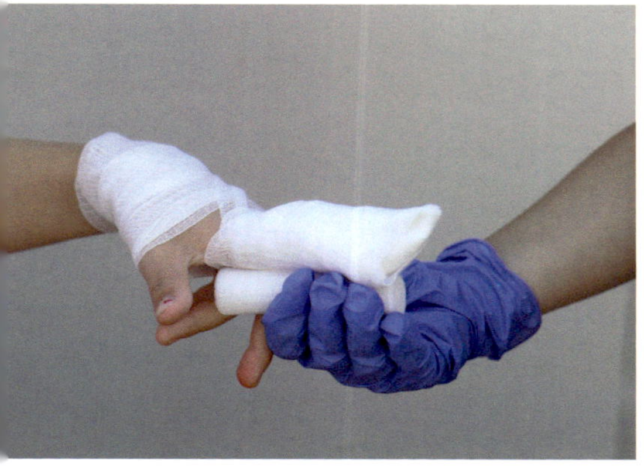

Irgendwann kommt es dazu, dass der Verband über den Finger übersteht. Dann wickelt ruhig noch ein oder zwei Runden weiter, auch wenn vor der Fingerspitze ein kleines Verbandtürmchen entsteht. Wenn ihr so weit seid, klappt ihr das kleine Türmchen einfach um und wickelt das umgeklappte Stück auf dem Weg zurück zum Handgelenk mit ein.

Das umgeklappte Türmchen sorgt dafür, dass auch von oben kein Schmutz unter den Verband an die Wunde gelangen kann.

Auf dem Handgelenk könnt ihr den Verband jetzt wieder beenden, indem ihr einen Knoten mit dem letzten Stück der Fixierbinde macht. Der Verband wird auf diese Weise zwar um den Finger selbst ein bisschen dicker, dafür ist er aber super dicht und polstert den verletzten Finger zusätzlich ein bisschen ab.

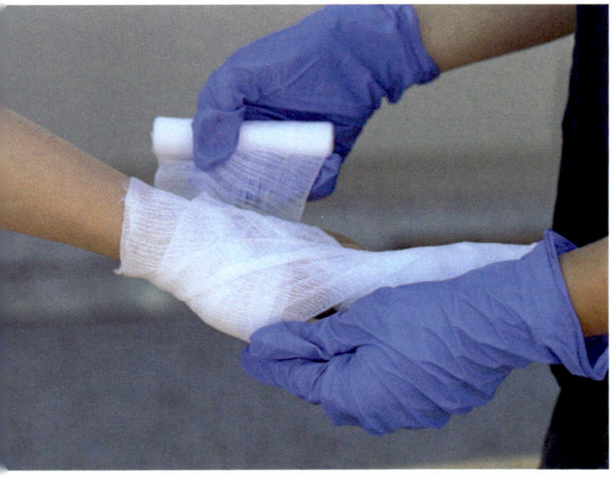

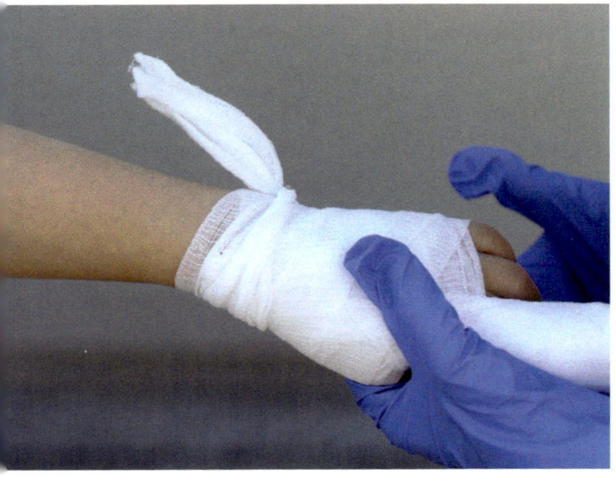

3.7.4 Handverband

Wenn die Verletzung nicht nur am Finger, sondern auf der Hand ist, wird ein Wundschnellverband nicht ausreichend sein.

Stattdessen braucht euer Patient einen Handverband. Dafür habt ihr als Lebensretter alles im Erste-Hilfe-Set.

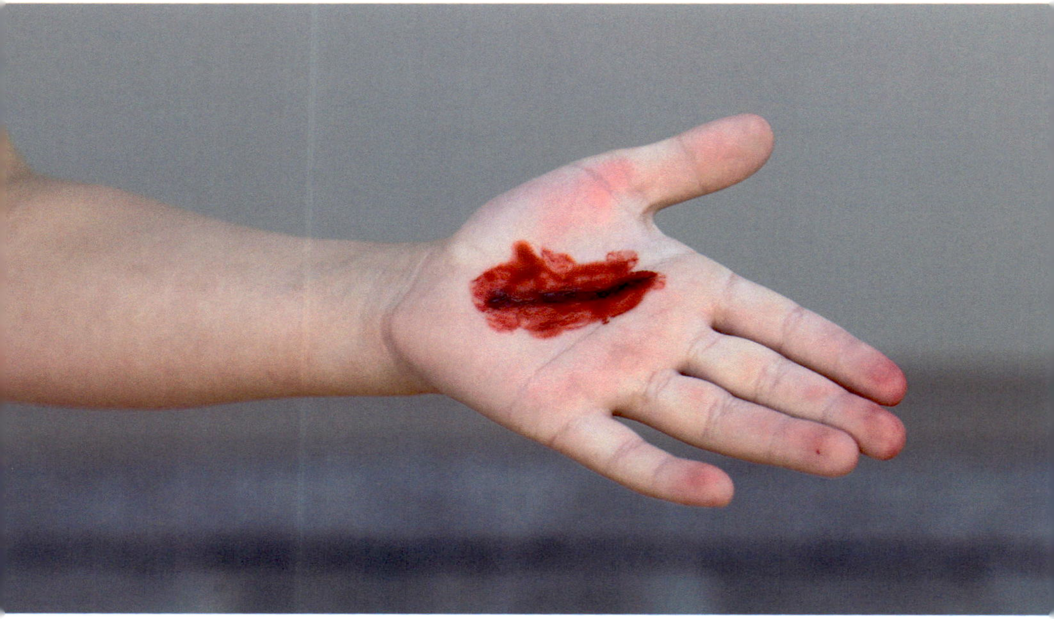

Handverletzungen versorgt man mit einem Handverband.

Als Erstes zieht wieder die Erste-Hilfe-Handschuhe aus dem Erste-Hilfe-Set an und positioniert euren Patienten in möglichst angenehmer Lage.

Für einen Handverband braucht ihr zunächst eine Wundauflage aus dem Verbandset. Diese packt ihr aus und achtet darauf, sie nur ganz am Rand anzufassen, um sie nicht zu verunreinigen.

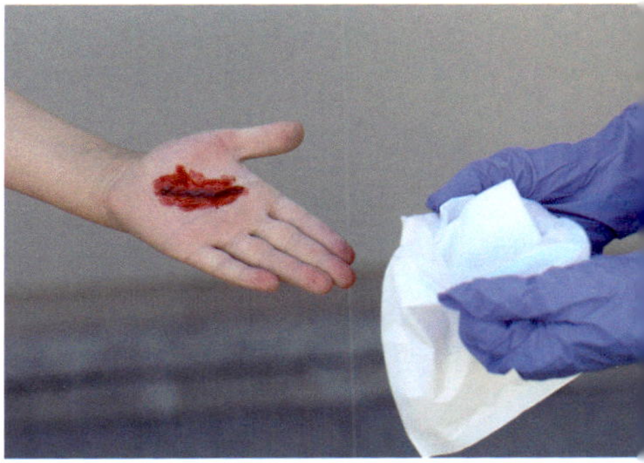

Legt die Wundauflage auf die Verletzung, sodass die gesamte Wunde abgedeckt ist. Am besten bittet ihr euren Patienten, die Wundauflage selbst festzuhalten, während ihr euch um die Befestigung kümmert.

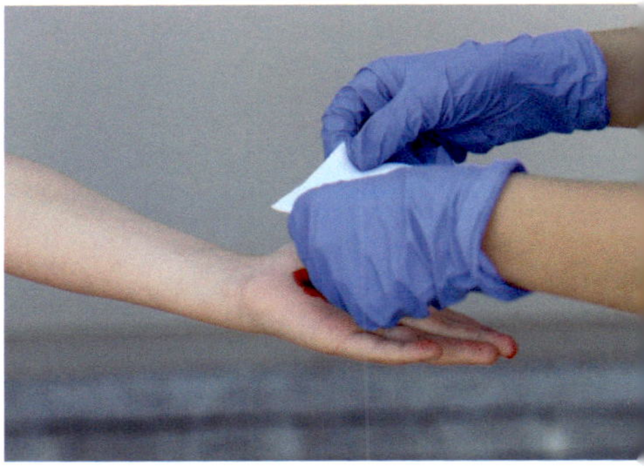

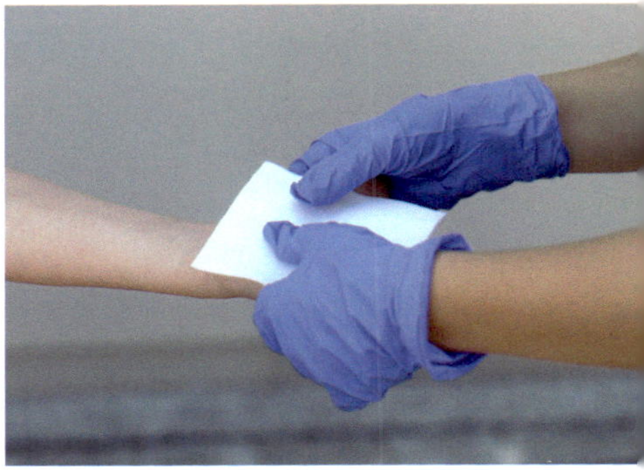

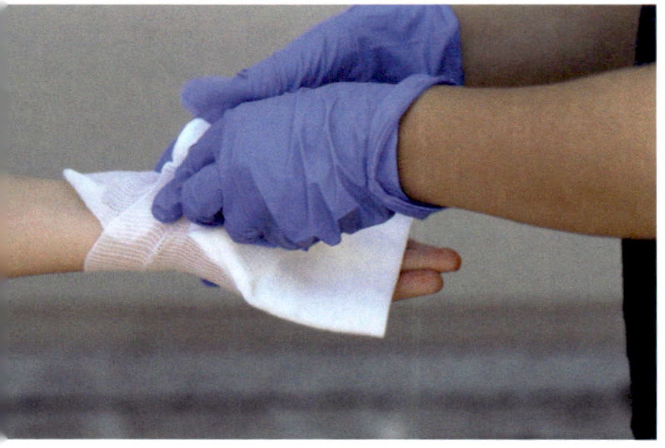

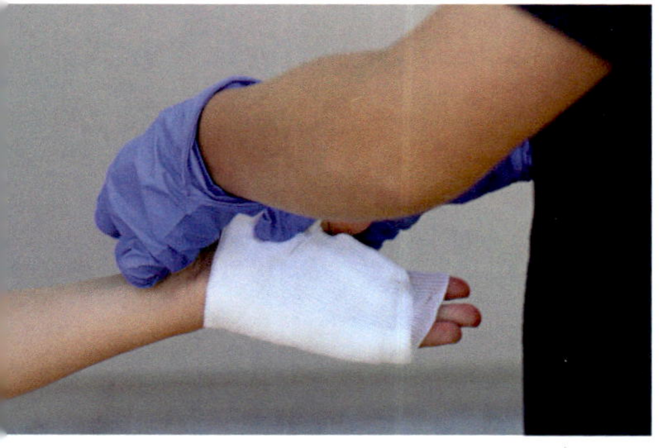

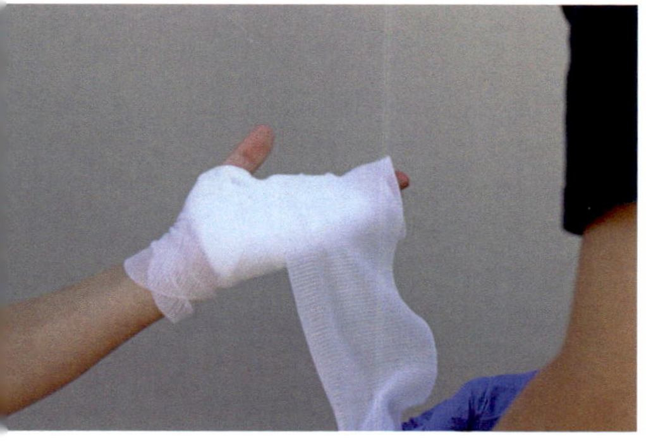

Als Nächstes packt ihr eine Fixierbinde aus und sucht deren Anfang. Nun müsst ihr die Fixierbinde zwei- oder dreimal um das Handgelenk der verletzten Person wickeln. Das ist besonders wichtig, damit der fertige Handverband nicht verrutschen kann.

Wenn der Handverband um das Handgelenk gewickelt ist, fangt ihr an, die Wundauflage immer weiter in der Fixierbinde einzuwickeln, bis sicher ist, dass sie nicht mehr von der Wunde wegrutschen kann.

Wenn ihr die Wundauflage fest genug gesichert habt, könnt ihr den Verband zurück um das Handgelenk wickeln und dort beenden.

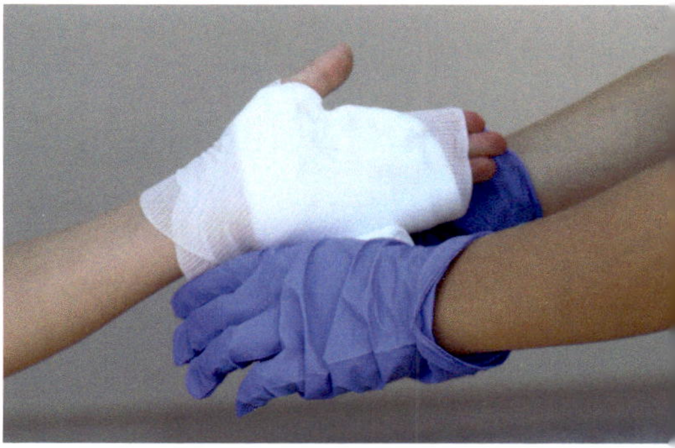

Um einen guten Knoten zu machen, braucht ihr wieder die Hilfe eures Patienten. Kurz bevor der Verband zu Ende ist, bittet ihr euren Patienten, seinen Finger auf das zuletzt abgewickelte Stück zu legen.

Dann ändert ihr die Richtung und macht mit der Fixierbinde eine Runde um das Handgelenk.

Wenn ihr dann wieder am Finger der verletzten Person ankommt, bittet sie, einen Finger mit dem Bindenstück leicht anzuheben. Dadurch entstehen zwei aufeinander zeigende Bindenstücke. Diese könnt ihr dann ganz einfach verknoten und schon sitzt der Handverband bombenfest!

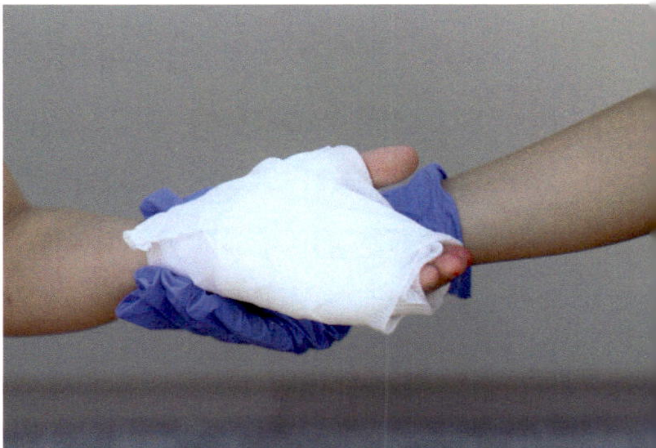

3.7.5 Versorgung von Verbrennungen

Zum Abschluss des Kapitels „Verbände“ stellt euch noch mal Folgendes vor.

Auch eurem Lehrer, mit der Schnittwunde am Unterarm, habt ihr schnell geholfen. Etwas erschöpft von den vielen aufregenden Dingen, die ihr heute schon erlebt habt, verlasst ihr nach der sechsten Schulstunde wieder das Schulgebäude. Ihr geht durch die große Eingangstür und lauft über den Hof zu eurem Fahrradständer. Auf einer saftig grünen Wiesenfläche neben dem Sportplatz seht ihr den Hausmeister, der gerade mit dem alten und laut knatternden Rasenmäher seine Runden dreht. Plötzlich hört ihr einen lauten Schrei und seht, wie der Hausmeister mit schmerzerfülltem Gesicht aufspringt und sich seinen Arm hält. Sofort eilt ihr ihm zur Hilfe.

Als ihr bei ihm eintrefft, erkennt ihr deutlich eine starke Rötung und einige weiße Blasen am linken Unterarm des Hausmeisters. „Verflixt, jetzt habe ich mich doch echt am heißen Auspuff des Rasenmähers verbrannt!“, klagt der Hausmeister.

Verbrennungen sind, genau wie Schnittwunden, eine Verletzung der Haut. Eine Verbrennung entsteht durch die Einwirkung von großer Hitze wie der am heißen Auspuff des Rasenmähers. Je größer die Hitze, zum Beispiel eines Feuers, ist und je länger diese auf ein menschliches Körperteil wirkt, desto schwerer sind die Verbrennungen. Starke Verbrennungen können sogar bis auf den Knochen reichen.

Eine Verbrennung ist sehr schmerzhaft. Kleinere Verbrennungen, wie die des Hausmeisters, sind zwar nicht sofort lebensbedrohlich, müssen aber trotzdem schnell richtig behandelt werden. Eine große Gefahr bei Verbrennungen ist, dass sich die Wunde entzündet, weil zum Beispiel Dreck und Keime in sie eingedrungen sind.

Wie könnt ihr eurem Hausmeister also helfen?

Bei schweren Verbrennungen müsst ihr sofort den Notruf absetzen und Hilfe holen. Achtet unbedingt jederzeit auf euren Eigenschutz, denn wie ihr wisst, hat eure Sicherheit immer äußersten Vorrang. Nähert euch also nicht unbedacht einer Gefahr, wie zum Beispiel einem Brand. Wenn möglich, soll die verletzte Person Kleidung und Schmuck über der Verbrennung ablegen, da diese noch Hitze in sich gespeichert haben können.

Also merkt euch:
1. Kleidung und Schmuck über den Verbrennungen entfernen.

Wenn der Patient über Schmerzen im Bereich der Verbrennung klagt, könnt ihr diese mit lauwarmem Wasser kühlen. Aber Vorsicht! Der Patient darf auf keinen Fall unterkühlen, da dies die Verletzungen noch verschlimmern würde. Benutzt also ausschließlich lauwarmes Wasser (ca. 20 °C) und kühlt nur Verbrennungen, deren Fläche maximal so groß ist wie die Fläche des Unterarms des Patienten. So könnt ihr die Wunde bis zum Eintreffen des Rettungsdienstes kühlen. Kleinere Verbrennungen, bei denen kein Rettungsdienst notwendig ist, dürft ihr nicht länger als 10 Minuten kühlen.

Kaltes Wasser oder sogar Eiswürfel führen zu schlimmen Schmerzen und können die Verletzung verschlimmern!

Also merkt euch:

2. Kleinere Verbrennungen für maximal 10 Minuten mit lauwarmem Wasser kühlen.

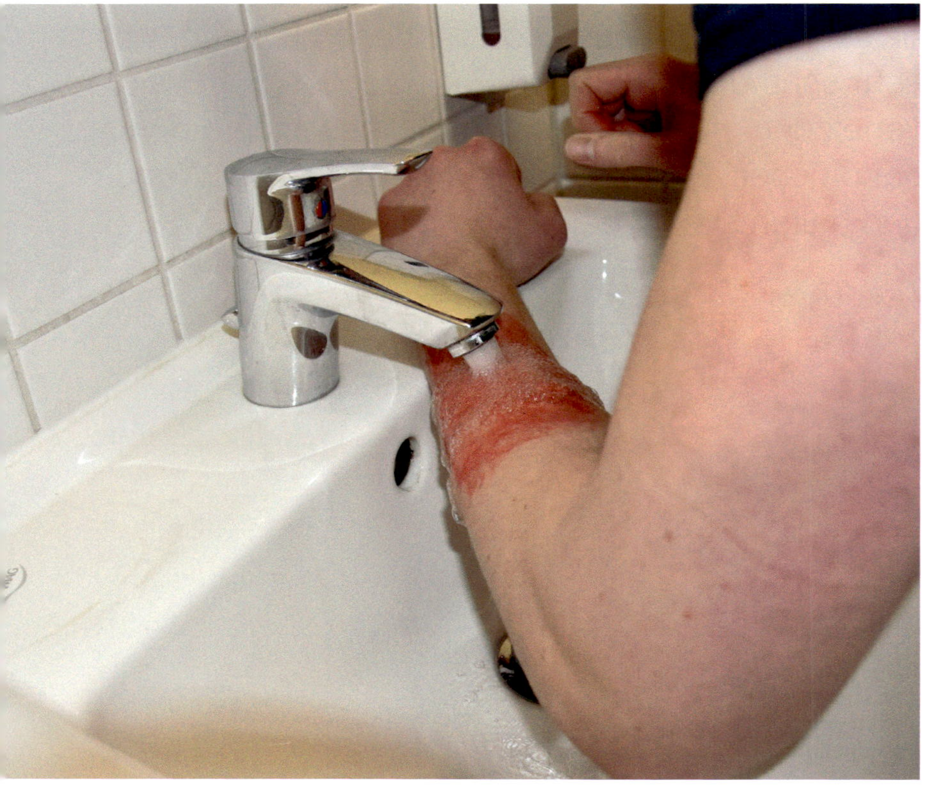

Haltet den Unterarm eures Hausmeisters für ungefähr 10 Minuten unter lauwarmes Wasser.

Wie bereits erwähnt, besteht eine große Gefahr bei Verbrennungen darin, dass sich die Wunden infizieren können. Achtet also unbedingt darauf, dass kein Dreck in die Wunde gerät und diese sauber bleibt. Groben Schmutz könnt ihr mit lauwarmem Wasser wegspülen.

Deckt die Wunde locker mit einem Verbandtuch ab. Legt keine Verbände direkt auf die Verbrennung, da sie mit der Brandwunde verkleben können, was sehr schmerzhaft für den Patienten ist. Für Brandverletzungen gibt es extra metallbeschichtete Verbandtücher. Diese verkleben nicht mit der Wunde und halten sie sauber.

Also merkt euch:

3. Haltet die Verbrennung unbedingt sauber.

Dieses Verbandtuch ist mit Metall beschichtet. Die Beschichtung sorgt dafür, dass das Tuch nicht mit der Wunde verklebt.

Hier noch mal die wichtigsten Dinge zusammengefasst:

Achtet bei allem was ihr tut immer auf eure Sicherheit!

1. Kleidung und Schmuck über den Verbrennungen entfernen.
2. Kleinere Verbrennungen maximal 10 Minuten mit lauwarmem Wasser kühlen.
3. Haltet die Verbrennung unbedingt sauber.

Bei schweren Verbrennungen muss unbedingt der Rettungsdienst gerufen werden. Nachdem ihr den Arm eures Hausmeisters mit lauwarmem Wasser ungefähr 10 Minuten lang gekühlt habt, geht es diesem schon besser. Er deckt die Wunde vorsichtig mit einem speziellen Verbandtuch aus dem Erste-Hilfe-Kasten eurer Schule ab. Danach geht er zum Hausarzt und lässt seine Verletzung untersuchen.

Alles verstanden?

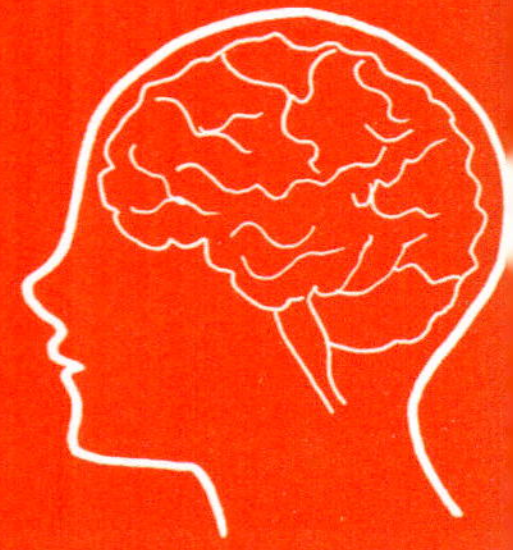

Stelle dein Wissen auf den Prüfstand!

Folgende Fragen kannst du nach Kapitel 3.7 beantworten!

1. Was macht ihr als Erstes, wenn ihr eine Wunde versorgen müsst?

a) Nichts. Man kann direkt loslegen.

b) Die Wunde anfassen

c) Handschuhe anziehen

2. Welchen Verband verwendet man, um eine blutende Wunde an der Hand zu versorgen?

a) Wundschnellverband

b) Handverband

c) Fingerverband

3. Welcher Verband ist hier abgebildet?

a) Fingerverband

b) Wundschnellverband

c) Handverband

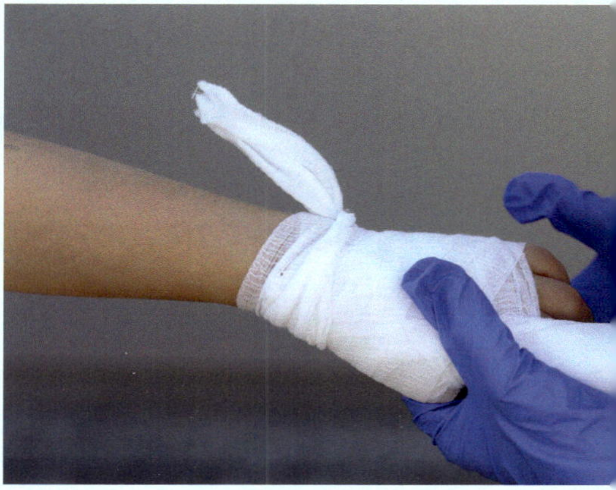

4. Ein Freund hat sich an einer Kerzenflamme verbrannt, weil er leichtsinnig mit ihr gespielt hat. An der linken Hand hat er eine deutliche Verbrennung. Was musst du jetzt tun?

a) Ich kühle die Verbrennung für ungefähr 10 Minuten mit lauwarmem Wasser

b) Ich lege Eiswürfel auf die verbrannte Stelle

c) Ich puste so stark ich kann auf die Verbrennung

3.8 Wiederbelebung

Sobald ein Patient keine Atmung mehr hat, steht auch sehr schnell sein Kreislauf still. In diesem Moment gilt wieder die Regel: „Ohne Sauerstoff kein Leben!“

Dieser Zustand führt zu schwersten Schäden im Gehirn der verletzten oder erkrankten Person. Schon nach 3 bis 5 Minuten sterben durch den Mangel an Sauerstoff so viele Gehirnzellen ab, dass der Betroffene danach wahrscheinlich nicht mehr ohne medizinische Hilfe weiterleben kann. Das bedeutet, dass ein Zustand, in dem unser Körper nicht mit Sauerstoff versorgt wird und keine Verteilung durch das Blut stattfindet, letztendlich zum Tod führen kann.

Um diese Schäden zu verhindern, muss man den Körper von außen mit Sauerstoff versorgen und diesen „künstlich“ verteilen.

Als Lebensretter müsst ihr die Maßnahmen zur Wiederbelebung kennen!

Wie müsst ihr also vorgehen, wenn ihr einen Patienten ohne Lebenszeichen findet?

Prüfen

Prüft die Vitalfunktionen des Patienten so, wie ihr es im Kapitel „Auffinden einer bewusstlosen Person“ gelernt habt.

Rufen

Spätestens jetzt müsst ihr einen Notruf absetzen und einmal laut um Hilfe rufen.

Drücken

Führt eine Wiederbelebung durch, die mit der Herz**druck**massage anfängt, bis der Rettungsdienst eintrifft.

Der wichtigste Bestandteil der Wiederbelebung ist eine schnell begonnene Herzdruckmassage, die durchgeführt wird, bis der Rettungsdienst eintrifft.

Je eher mit der Herzdruckmassage begonnen wird, desto besser könnt ihr dem Patienten helfen.

Wie funktioniert die Herzdruckmassage?

Eine Herzdruckmassage ist ganz schön anstrengend, deswegen ist es am besten, wenn ihr zu zweit seid.

Ruft also noch mal laut um Hilfe, damit noch weitere Helfer herbeieilen, die euch bei der Wiederbelebung unterstützen können.

Dann könnt ihr euch die Maßnahmen der Wiederbelebung aufteilen und euch sogar abwechseln.

Für die Herzdruckmassage muss euer Patient flach auf einem harten Untergrund liegen. Euer Ziel ist es, von außen das Herz so zusammenzudrücken, dass es Blut durch den Körper pumpt.

Als Lebensretter seid ihr das Herz des Patienten!

Dafür ist es wichtig, an der richtigen Stelle zu drücken. Um diese Stelle zu finden, müsst ihr den Oberkörper des Patienten ganz von Kleidung befreien.

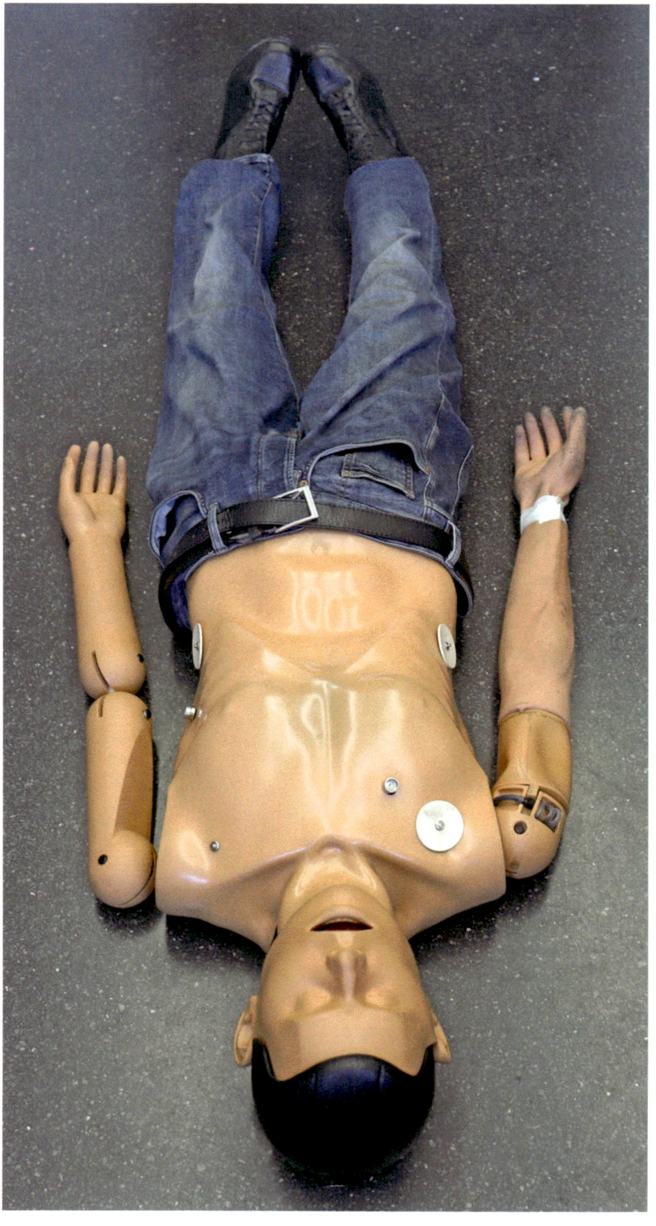

Entkleidet den Oberkörper des Patienten. Oft reicht es schon, wenn ihr einfach das T-Shirt oder den Pullover des Patienten weit nach oben zieht.

Den Punkt, auf dem die Herzdruckmassage durchgeführt wird, nennt man „Druckpunkt“. Kniet euch auf einer Seite des Patienten neben seinen Brustkorb. Der Druckpunkt ist in der Mitte zwischen den beiden Brustwarzen!

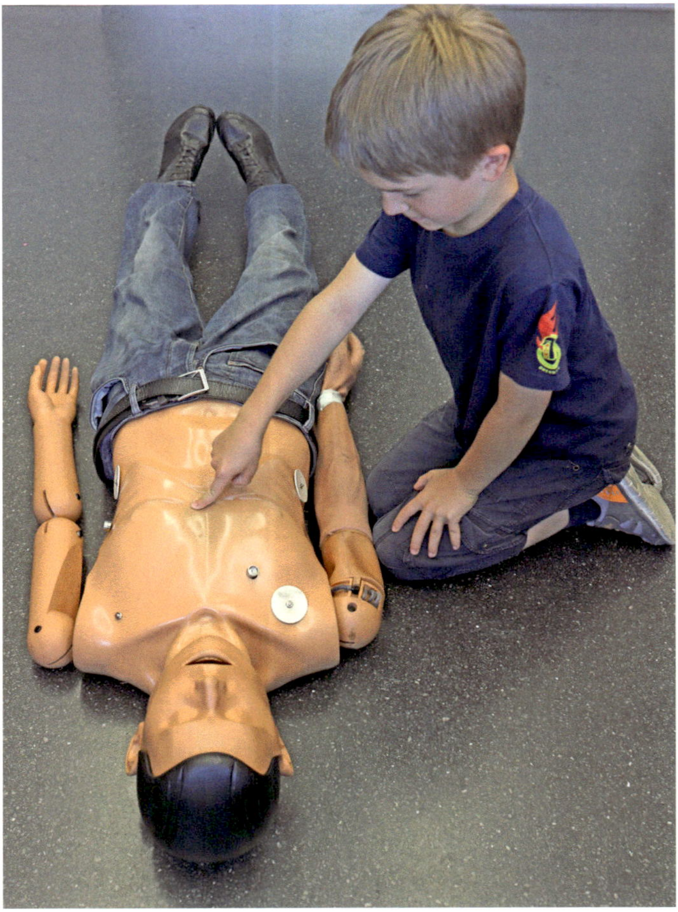

Sucht euch den Druckpunkt. Dieser liegt auf dem Brustbein, zwischen den beiden Brustwarzen.

Auf diesen Druckpunkt legt ihr zuerst eine Hand mit dem Handballen auf und dann die zweite Hand darüber.

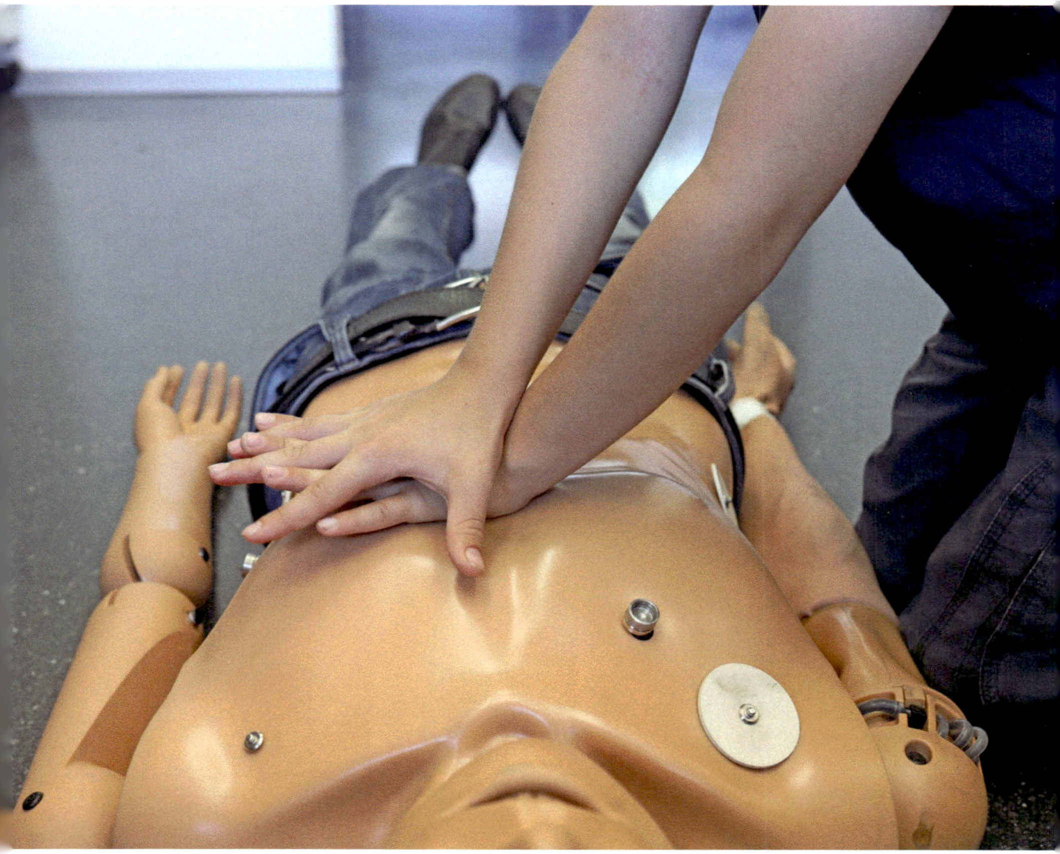

Legt eure Hände übereinander, sodass der Handballen auf dem Druckpunkt liegt.

Um das Herz jetzt richtig zusammenzudrücken, müsst ihr den Brustkorb ungefähr 5 bis 6 cm eindrücken. Dazu braucht es ziemlich viel Kraft! Um es euch möglichst einfach zu machen, müsst ihr mit den Knien ganz an den Patienten heranrutschen und euch dann so weit nach vorne lehnen, dass ihr mit euren Schultern über euren Händen seid. Dann lasst ihr die Arme durchgestreckt und drückt mit voller Kraft aus eurem ganzen Oberkörper auf den Brustkorb des Patienten.

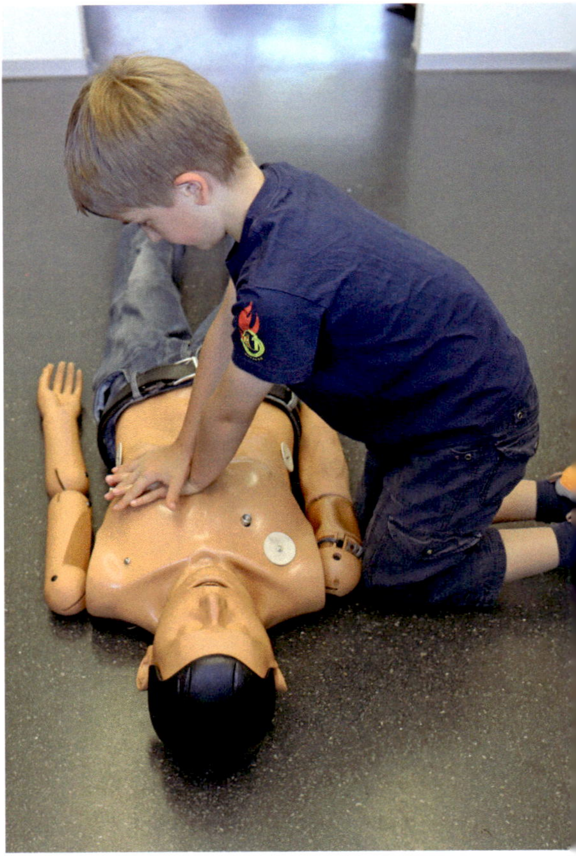

Streckt eure Arme durch und haltet den Rücken gerade.

Wenn ihr den Brustkorb eingedrückt habt, lasst mit dem Druck wieder ganz nach. Die Herzdruckmassage müsst ihr 100 bis 120 Mal pro Minute machen, also fast 2 Mal pro Sekunde.

Macht es so wie auf dem Bild! Beide Hände übereinander auf dem Druckpunkt, die Arme durchgestreckt, den Rücken gerade.

5 bis 6 cm tief drücken, mit einer Frequenz von 100 bis 120 Mal pro Minute!

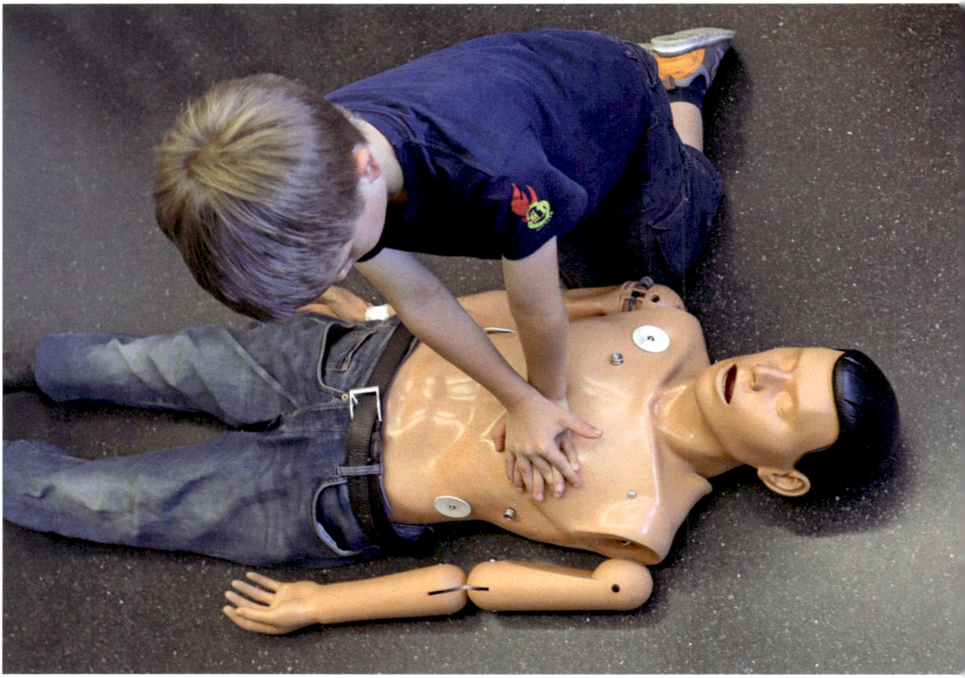

5–6 cm tief und 100–120 Mal in der Minute kräftig auf den Brustkorb drücken. Kein Wunder, dass die Wiederbelebung echt anstrengend ist.

Zählt laut mit und wechselt euch ab, wenn euch die Puste ausgeht!

Auch wenn zu einer Wiederbelebung ebenfalls eine Beatmung gehört, so ist diese nicht so leicht durchzuführen.

Um den Patienten zu helfen, reicht es oft schon aus, die Herzdruckmassage durchzuführen, bis der Rettungsdienst eintrifft.

Im Notfall kann eine Herzdruckmassage nur helfen, wenn ihr sie vorher regelmäßig geübt habt.

Mit euren Eltern, Lehrern und Freunden könnt ihr die Wiederbelebung regelmäßig an Puppen zur Wiederbelebung üben. Diese findet ihr zum Beispiel auf der nächsten Feuer- oder Rettungswache.

Lebensretter, los geht's!

Alles verstanden?

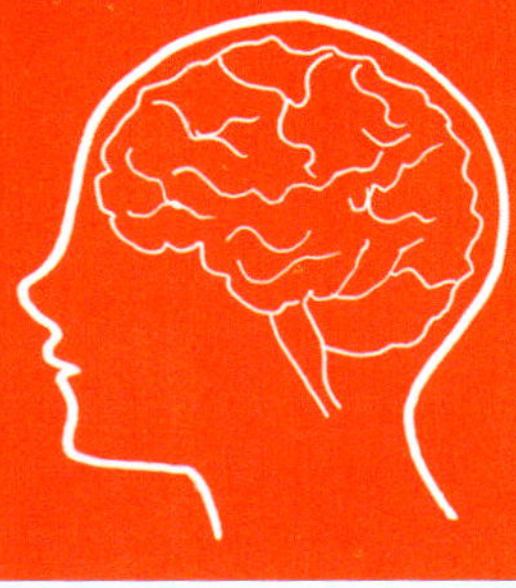

Stelle dein Wissen auf den Prüfstand!

Folgende Fragen kannst du nach Kapitel 3.8 beantworten!

1. Wann muss man bei einem Patienten eine Herzdruckmassage durchführen?

a) Wenn der Patient nicht ansprechbar ist, aber noch atmet

b) Wenn der Patient weder ansprechbar ist noch atmet, also keine Vitalfunktionen aufweist

c) a und b sind richtig

2. Was müsst ihr tun, bevor ihr mit der Wiederbelebung beginnt?

a) Den Rettungsdienst rufen

b) Laut um Hilfe rufen

c) a und b sind richtig

3. Zeichnet auf dem Bild den Druckpunkt ein

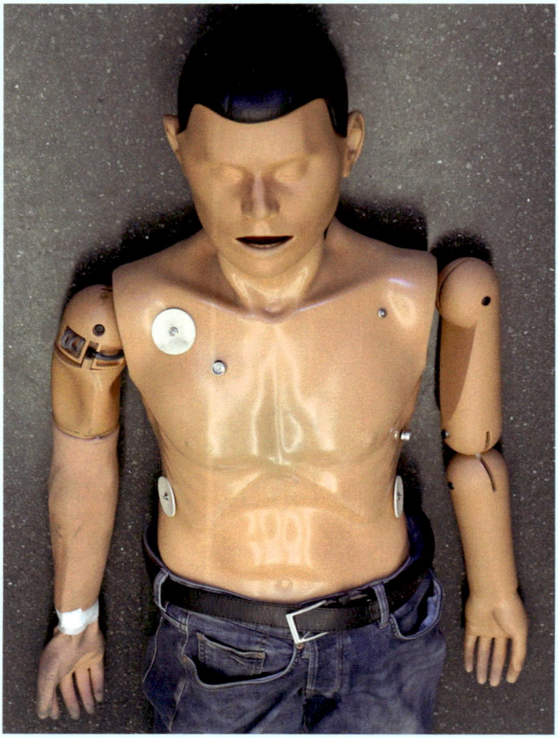

4. Wie oft in der Sekunde muss man bei der Herzdruckmassage drücken?

a) 5 Mal pro Sekunde

b) 2 Mal pro Sekunde

c) 1 Mal pro Sekunde

Auflösung zur 3. Frage im Kapitel 3.2

Die Gefahrenquellen sind: Das beschädigte Stromkabel neben der Wasserlache, das hervorstehende Messer und der Benzinkanister.

4. Quellen- und Literaturnachweis

Grundlagen der Brandschutzerziehung

https://www.geo.de/geolino/mensch/3793-rtkl-geschichte-die-entdeckung-des-feuers, 18.03.2019, 19:25 Uhr

Beneke, Nils et. al. (2017). Das Feuerwehr Lehrbuch. Grundlagen – Technik – Einsatz. 5. aktualisierte und erweiterte Auflage. Stuttgart: W. Kohlhammer Verlag

Der Brandfall

Paschen, Hans-Richard. (2012). „Erste Hilfe kompakt". Facharbeit. Hamburg/Berlin: Deutscher Feuerwehrverband

http://www.mission-sicheres-zuhause.de/index.php/brandschutzerziehung-fuer-kinder, 03.06.2019, 18:23 Uhr

RuV-Versicherung. Was tun, wenn es brennt? https://www.ruv.de/static-files/ruvde/downloads/ratgeber/was_tun_wenn_es_brennt.pdf, 03.06.2019

Beneke, Nils et. al. (2017). Das Feuerwehr Lehrbuch. Grundlagen – Technik – Einsatz. 5. aktualisierte und erweiterte Auflage. Stuttgart: W. Kohlhammer Verlag

http://www.gloria-feuerschutz.de, 09.06.2019, 15:23 Uhr

Erste Hilfe

Retten! Rettungssanitäter (2017). Stuttgart: Georg Thieme Verlag KG, ISBN-13:978-132402317

Deutsche Gesellschaft für Verbrennungsmedizin https://www.verbrennungsmedizin.de/leitlinien-erste-hilfe-brandverletzungen, 11.07.2019

Zeichnungen

Maskottchen: Dennis Mayer, Juli 2019

Weitere Zeichnungen: Miriam Friedrich, 2017–2019

Fotos/Bilder

1take1shot
Felix Geringswald
Tilo Heidloß

Weitere:
Philip Junkersdorf
Perry Zein